BestMasters

Mit „BestMasters" zeichnet Springer die besten Masterarbeiten aus, die an renommierten Hochschulen in Deutschland, Österreich und der Schweiz entstanden sind. Die mit Höchstnote ausgezeichneten Arbeiten wurden durch Gutachter zur Veröffentlichung empfohlen und behandeln aktuelle Themen aus unterschiedlichen Fachgebieten der Naturwissenschaften, Psychologie, Technik und Wirtschaftswissenschaften.

Die Reihe wendet sich an Praktiker und Wissenschaftler gleichermaßen und soll insbesondere auch Nachwuchswissenschaftlern Orientierung geben.

Daniel Lückehe

Hybride Optimierung für Dimensionsreduktion

Unüberwachte Regression
mit Gradientenabstieg und
evolutionären Algorithmen

 Springer Vieweg

Daniel Lückehe
Oldenburg, Deutschland

BestMasters
ISBN 978-3-658-10737-6   ISBN 978-3-658-10738-3 (eBook)
DOI 10.1007/978-3-658-10738-3

Die Deutsche Nationalbibliothek verzeichnet diese Publikation in der Deutschen Nationalbibliografie; detaillierte bibliografische Daten sind im Internet über http://dnb.d-nb.de abrufbar.

Vorwort

In diesem Buch wird ein neues hybrides Verfahren zur Dimensionsreduktion methodisch erarbeitet und durch Tests mit vorhandenen
Methoden verglichen. Das Buch ist sowohl für Experten im Gebiet der
Dimensionsreduktion als auch für Einsteiger mit Grundkenntnissen
über maschinelles Lernen geeignet. Hochdimensionale Daten liegen
heutzutage in vielen Bereichen wie beispielsweise der Medizin und
Astronomie vor. Dabei ist vom Begriff *Big Data* zu hören. Häufig ist es
schwierig Informationen aus den sehr großen, komplexen Datensätzen
zu gewinnen. Hierbei kann eine Dimensionsreduktion helfen. So können
die Daten beispielsweise auf einen zweidimensionalen, latenten Raum
abgebildet und für den Menschen visuell erfassbar gemacht werden.
Eine Dimensionsreduktion kann auch als vorverarbeitender Schritt
für eine Klassifikation oder Regression verwendet werden. In diesem
Buch wird die unüberwachte Kernel-Regression als Verfahren zur
Dimensionsreduktion genutzt und die damit erzeugten Ergebnisse mit
dem Gradientenabstiegsverfahren optimiert. Die Parameter werden
durch einen evolutionären Algorithmus gesteuert und zur Verbesserung
der Flexibilität wird eine variable Kernel-Funktion entwickelt. In
Tests werden verschiedene, alternierende Variationen des Verfahrens
qualitativ und quantitativ bewertet und mit vorhandenen Methoden
wie *Locally Linear Embedding* und *Isometric Mapping* verglichen.

Da dieses Buch auf einer Masterarbeit basiert, ist im weiteren
Verlauf des Buches die Formulierung *diese Arbeit* als Synonym für
dieses Buch zu betrachten.

Ausschnitte und Erweiterungen der Arbeit sind auf internationalen
Konferenzen veröffentlich worden und können als weiterführende Lite-
ratur genutzt werden. Die wichtigsten neuen Erkenntnisse erweitert
um Experimente auf zusätzlichen Datensätzen und einer ausführlichen

Analyse verschiedener Populationsgrößen für den Einbettungspro-
zess sind in dem Paper *Alternating Optimization of Unsupervised*
Regression with Evolutionary Embeddings publiziert, welches auf der
Applications of Evolutionary Computation - 18th European Conference
(EvoApplications), 2015 in Kopenhagen präsentiert und dabei mit
dem *Best Paper Award* in der Rubrik *Evolutionary Computation in*
Image Analysis, Signal Processing and Pattern Recognition (EvoISAP)
ausgezeichnet wurde. Die variable Kernel-Funktion wurde auf der
Genetic and Evolutionary Computation Conference (GECCO), 2014
in Vancouver mit dem Titel *A Variable Kernel Function for Hybrid*
Unsupervised Kernel Regression veröffentlicht. Eine Erweiterung, in der
Muster mit relativ hohem Einfluss auf den Datenraumrekonstruktions-
Fehler entfernt und neu im latenten Raum platziert werden, wurde
auf der *24th International Conference on Artificial Neural Networks*
(ICANN), 2014 in Hamburg mit dem Titel *Leaving Local Optima in*
Unsupervised Kernel Regression vorgestellt.

Herzlich möchte ich mich bei allen Menschen bedanken, die mit
moralischer Unterstützung, inspirativen Ideen und fachlichen Tipps
dieses Buch erst möglich gemacht haben. Besonders zu erwähnen sind
die Fachhochschule Wilhelmshaven und die Universität Oldenburg,
die mich optimal während des Studiums unterstützt haben. Dabei gilt
insbesondere mein Dank Jun.-Prof. Dr. Oliver Kramer und Dipl.-Phys.
Nils André Treiber für die engagierte Betreuung meiner Masterarbeit. Auch dem Team PTE1 2 (ATLAS ELEKTRONIK GmbH),
ausdrücklich Jörg Bade, gilt mein Dank für die tolle Zusammenarbeit,
die mir die Vereinbarkeit von Beruf und parallelem Studium ermöglicht
hat. Besonders möchte ich mich bei meinen Eltern und meinen
Freunden, insbesondere Mandy Ludwig und Julia Volmer für das
konstruktive Korrekturlesen, bedanken.

Bremen, April 2015
Daniel Lückehe

Inhaltsverzeichnis

1. Motivation

Ziel dieser Arbeit ist es, ein neues hybrides Verfahren zur Dimensionsreduktion methodisch zu erarbeiten, zu implementieren und durch Tests mit vorhandenen Methoden zu vergleichen. Hochdimensionale Daten liegen heutzutage in vielen Bereichen vor. Darunter fallen beispielsweise Datensätze über Nutzerverhalten, die zur zielgerichteten Werbung genutzt werden können, visuell erfasste Daten, in denen Zeichen erkannt werden sollen, Daten über Kontobewegungen zur Erkennung von Betrugsfällen, Anwendungen im medizinischen Bereich, auditiv erfasste Daten, die zur Spracherkennung genutzt werden, Daten aus dem Gebiet der Astronomie und viele weitere. Dabei ist vom Begriff *Big Data* zu hören: Sehr große, komplexe Datensätze, die viele Informationen beinhalten, die jedoch aufwendig aus dem Datensatz gewonnen werden müssen [2]. Um diese hochkomplexen Daten besser verarbeiten und erfassen zu können, kann eine Dimensionsreduktion helfen. In diesem Gebiet besteht noch ein hoher Forschungsbedarf.

Bevor näher auf die Grundlagen eingegangen wird, soll ein Überblick über das Verfahren gegeben werden. Inspirationsquelle für das neue Verfahren war die Dimensionsreduktion *Unüberwachte Nächste Nachbarn* (UNN) von Kramer [9]. Als Regressions-Modell soll dabei anstatt der nächsten Nachbarn der Nadaraya-Watson-Schätzer zum Einsatz kommen, wie von Klanke [7] bekannt. Das Verfahren soll den latenten Raum wie UNN iterativ erzeugen. Die so erzeugten Lösungen sollen durch den Datenraumrekonstruktions-Fehler, welcher mit Hilfe einer Fehler-Funktion (Loss-Funktion) bestimmt wird, bewertet und optimiert werden. Zum Einsatz kommt dabei das Verfahren des Gradientenabstiegs, siehe [13]. Es geht in dieser Arbeit darum, zu zeigen, welche Ergebnisqualität mit dem entwickelten Verfahren realisierbar ist.

1.1. Dimensionsreduktion

Bei einer Dimensionsreduktion geht es darum, Muster aus einem hochdimensionalen Datenraum auf einen niedrigdimensionalen latenten Raum abzubilden. Dabei ist für die Abbildung eine Funktion $F : \mathbf{y} \to \mathbf{x}$ für Muster $\mathbf{y} \in \mathbf{Y} \subset \mathbb{R}^d$ und latente Punkte $\mathbf{x} \in \mathbf{X} \subset \mathbb{R}^q$ mit $q < d$ gesucht, die Nachbarschaften und Abstände bestmöglich erhält [10].

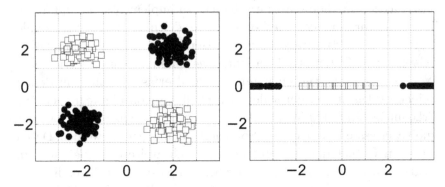

Abbildung 1.1.: Datenraum   **Abbildung 1.2.:** Latenter Raum

Die Abbildungen 1.1 und 1.2 zeigen beispielhaft einen Datenraum und einen durch eine Abbildungsfunktion F entstandenen latenten Raum. Die Muster im Datenraum liegen in der Form $(y_1, y_2) \in \mathbb{R}^2$ vor. Im latenten Raum haben die Muster die Form $(x_1) \in \mathbb{R}^1$. Für F gilt nun die einfache Abbildung: $F_{\text{Beispiel}} : (y_1, y_2) \to (x_1) = (y_1 + y_2)$. Würden beispielsweise die schwarzen Punkte das Label *nein* und die weißen Quadrate das Label *ja* besitzen, so wäre mit Hilfe des latenten Raums ein sehr einfacher Klassifikator denkbar:

```
if abs(x) < 2:
    print "Die Antwort lautet: Ja."
else:
    print "Die Antwort lautet: Nein."
```

Es ist möglich mit einem Klassifikator, der die Muster aus dem Datenraum nutzt, ebenso gute Ergebnisse zu erzielen, wobei die

Realisierung dieses Klassifikators komplexer sein kann als der sehr einfache Klassifikator aus dem Beispiel.

Für eine Klassifikation nach *weißen* und *schwarzen* Mustern eignet sich die gewählte Dimensionsreduktion sehr gut, jedoch wird die Entfernung der Muster vor allem durch die Verschmelzung der beiden weißen Cluster verfälscht, sodass die Reduktion unter anderen Fragestellungen unpassend sein kann. Da eine Methode zur Dimensionsreduktion im allgemeinen Fall nicht weiß, welche Fragen an die niedrigdimensionale Abbildung des Datensatzes gestellt werden, wird grundsätzlich versucht, Nachbarschaften und Abstände aus dem Datenraum auch im latenten Raum zu erhalten [10].

Bei einer Beurteilung durch ein allgemeines Qualitätsmaß für die Dimensionsreduktion würde die in dem Beispiel gewählte Abbildungsfunktion F_{Beispiel} schlechter abschneiden als eine Abbildung, die die ursprünglichen vier Cluster auch im latenten Raum erhalten würde.

1.2. Reduktion des Informationsgehalts

Grundsätzlich reduziert jede Dimensionsreduktion auch den Informationsgehalt des Datensatzes. Die entscheidende Frage ist, welche Art von Informationen aus dem vorhandenen Datensatz gewonnen werden sollen. Oft ist es möglich, diese Informationen auch aus einem Datensatz mit weniger Dimensionen zu gewinnen, wobei die Informationsgewinnung bei einem niedrigdimensionalen Datensatz meist einfacher ist als bei einem hochdimensionalen, sodass sich der zusätzliche Schritt einer Dimensionsreduktion rechnen kann.

Geht man beispielsweise von einem Foto eines Würfels aus, so würde bei einem Farbfoto (RGB) von 256 x 256 Pixeln jedes Foto ein knapp 200.000-dimensionales Muster im Datenraum darstellen – bei Betrachtung der einzelnen Pixel als Dimension. Wäre aber nur die Ausrichtung des Würfels von Interesse, so ist für die Beantwortung dieser Frage ein dreidimensionaler Datensatz mit je einer Dimension für die Rotation um die x-, y- und z-Achse ausreichend. In diesem Fall würde eine optimale Dimensionsreduktion den knapp 200.000-

dimensionalen Datenraum auf einen dreidimensionalen latenten Raum abbilden. Ist nur die gewürfelte Ziffer von Interesse, so wäre sogar ein eindimensionaler, diskreter latenter Raum mit den möglichen Werten von eins bis sechs denkbar. Mit dieser Abbildung könnte man sehr einfach die Frage nach der gewürfelten Ziffer klassifizieren, jedoch wäre es unmöglich, damit beispielsweise zu ermitteln, wie gleichmäßig das Foto ausgeleuchtet ist.

1.3. Motivation zur Dimensionsreduktion

Wie sich durch die Beispiele bereits andeutet, gibt es verschiedene Motivationen dafür, eine Dimensionsreduktion auf einem Datensatz von hochdimensionalen Mustern durchzuführen. So kann die Dimensionsreduktion eine sinnvolle Vorverarbeitung sein, bei der Visualisierung von komplexen Daten helfen und Redundanzen aus dem Datensatz entfernen.

Im Bereich des Data-Minings stößt man immer wieder auf den Begriff *Fluch der Dimensionen* [2]. So gibt es Verfahren, deren Rechenkomplexität mit wachsender Anzahl an Dimensionen exponentiell ansteigt. Andere Verfahren benötigen eine gleichmäßige Abdeckung von Mustern im Datenraum, um vernünftige Ergebnisse liefern zu können. Je größer die Anzahl der Dimensionen ist, desto schwieriger ist eine gleichmäßige Abdeckung des Datenraums, was am Beispiel des Hypereinheitswürfels verdeutlicht werden kann. [5] Liegt ein 10-dimensionaler Würfel vor und jede Dimension ist für sich zu 80% mit Mustern abgedeckt, so ist der gesamte 10-dimensionale Datenraum nur zu gut 10% $(0{,}8^{10})$ abgedeckt. Diese geringe Abdeckung des Raums verschlechtert die Ergebnisse eines Klassifikationsverfahrens wie k-nächste Nachbarn in vielen Fällen. Durch eine passende Dimensionsreduktion ist es möglich, brauchbare Ergebnisse für ein Verfahren zu erzielen, welches stark unter dem *Fluch der Dimensionen* leidet, indem man einen hochdimensionalen Datensatz niedrigdimensional abbildet und die Abbildung anstatt der originalen Daten von dem Verfahren verwenden lässt.

Mitunter ist es schwierig, hochdimensionale Daten zu erfassen und zu verstehen. Mit Hilfe einer Dimensionsreduktion, zum Beispiel auf einem zwei- oder dreidimensionalen latenten Raum, können die eigentlich hochdimensionalen Daten besser visualisiert werden und somit eventuell einfacher für ein visuell bis zu drei Dimensionen denkendes Wesen wie den Menschen erfassbar sein, sodass gegebenenfalls Strukturen und Zusammenhänge in den Daten sichtbar werden.

In hochdimensionalen Datensätzen kann es einzelne Dimensionen geben, die keine eigenen Informationen beinhalten und sich allein aus anderen Dimensionen ergeben. Durch den Einsatz einer Dimensionsreduktion kann der Datensatz von solchen Dimensionen befreit werden.

1.4. Implementierung

Implementiert wurde das Verfahren in *Python*[1] unter Verwendung von *sklearn* [17]. *sklearn* stellt dabei verschiedene Algorithmen zur Dimensionsreduktion zur Verfügung, die als Vergleichsverfahren genutzt werden können. In dieser Arbeit werden im späteren Verlauf die verbreiteten Verfahren *Locally Linear Embedding* (LLE) [19] und *Isometric Mapping* (ISOMAP) [21] mit dem entwickelten Verfahren verglichen und dabei die Implementierung aus *sklearn* genutzt. LLE und ISOMAP gehören zu den nicht linearen Dimensionsreduktionsverfahren [23], wobei LLE in den Bereich der Topologie erhaltenden Verfahren und ISOMAP zu den Distanz erhaltenden Verfahren gehört [11].

Der Digits-Datensatz wird in dieser Arbeit genutzt, um die Dimensionsreduktion an Daten zu testen. Er ist ein Datensatz aus 1797 Mustern mit je 64 Dimensionen zur Klassifikation aus der Menge der Datasets von *sklearn*. Es gibt zehn verschiedene Klassen und ungefähr 180 Daten pro Klasse. Es handelt sich um Bilder von handschriftlichen Ziffern. Die Bilder haben 8x8 Pixel und für jedes Pixel liegt ein Helligkeitswert vor. In dieser Arbeit werden die Daten wie vorliegend verwendet und keine vorverarbeitenden Schritte aus dem Bereich

---

[1]http://www.python.org

der Bildverarbeitung eingesetzt, da der Fokus dieser Arbeit auf der Dimensionsreduktion liegt und nicht in der Bildverarbeitung.

Um den Digits-Datensatz einschätzen zu können, wurde ein Klassifikator gewählt und Ziffernpaare klassifiziert. Als Klassifikator kam dabei k-nächste Nachbarn mit $k = 3$ zum Einsatz. Es wurde eine fünffache Kreuz-Validierung genutzt, sodass es pro Ziffernpaar fünf Ergebnisse gibt. Um die Anzahl der hier dargestellten Paare im Rahmen zu halten, werden hier und im weiteren Verlauf der Arbeit nur die ungeraden Ziffern genutzt. Tabelle 1.1 zeigt die Ergebnisse. Dabei ist unter anderem zu sehen, dass die Ziffern 1 und 3 ohne Fehler klassifiziert und bei den Ziffern 7 und 9 gut 1% der Muster nicht richtig zugeordnet werden konnten.

Tabelle 1.1.: Klassifikationsergebnisse der Ziffernpaare

Ziffernpaar	Ergebnis
1, 3	1,000; 1,000; 1,000; 1,000; 1,000
1, 5	1,000; 1,000; 1,000; 1,000; 1,000
1, 7	1,000; 1,000; 1,000; 1,000; 1,000
1, 9	0,986; 1,000; 1,000; 1,000; 0,986
3, 5	1,000; 1,000; 1,000; 1,000; 0,986
3, 7	1,000; 0,986; 1,000; 1,000; 0,972
3, 9	0,986; 0,986; 1,000; 1,000; 0,986
5, 7	1,000; 1,000; 1,000; 1,000; 1,000
5, 9	1,000; 1,000; 1,000; 1,000; 0,986
7, 9	1,000; 0,986; 0,972; 1,000; 0,986

Für einen visuellen Eindruck, zeigt Abbildung 1.3 beispielhaft vier Bilder, die das Label 1 besitzen und vier Bilder, die das Label 3 besitzen.

Label: 1

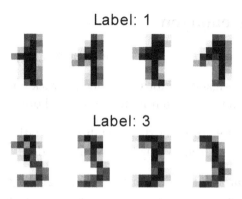

Label: 3

> **Abbildung 1.3.:** Beispielbilder aus Digits-Datensatz

Dazu werden in Formel 1.1 beispielhaft die Daten für ein mit dem Label 1 markierten Muster, der Übersicht halber nicht als 64×1 Spaltenvektor, sondern als 8×8 Matrix dargestellt, sodass das geübte Auge die 1 mit etwas Fantasie erkennen kann.

$$\mathbf{x}_1 = \begin{pmatrix} 0 & 0 & 0 & 0 & 12 & 5 & 0 & 0 \\ 0 & 0 & 0 & 2 & 16 & 12 & 0 & 0 \\ 0 & 0 & 1 & 12 & 16 & 11 & 0 & 0 \\ 0 & 2 & 12 & \mathbf{16} & 16 & 10 & 0 & 0 \\ 0 & 6 & 11 & 5 & \mathbf{15} & 6 & 0 & 0 \\ 0 & 0 & 0 & 1 & 16 & 9 & 0 & 0 \\ 0 & 0 & 0 & 2 & \mathbf{16} & 11 & 0 & 0 \\ 0 & 0 & 0 & 3 & \mathbf{16} & 8 & 0 & 0 \end{pmatrix} \qquad (1.1)$$

In dieser Arbeit kommt ein Testszenario unter Verwendung des Digits-Datensatzes mehrfach zum Einsatz. Dabei werden 100 Muster mit den Labeln 1 und 3 auf einen zweidimensionalen latenten Raum abgebildet. Der Test wird 25 Mal ausgeführt und dabei der arithmetische Mittelwert mit Standardabweichung angegeben. Genutzt werden dabei verschiedene Algorithmen zur Dimensionsreduktion und Parameter und durch das Schlüsselwort *Testszenario* wird auf die Verwendung dieses Test hingewiesen.

1.5. Fragestellungen

Folgenden Fragen wird in dieser Arbeit nachgegangen:

1. Welche Schwierigkeiten gibt es bei der Entwicklung des Verfahrens und mit welchen Lösungen können diese behoben werden?

2. An welchen Stellen bietet das Verfahren Variationsmöglichkeiten und für welche Variante wurde sich entschieden?

3. Ist es grundsätzlich möglich, mit dem Verfahren Eigenschaften eines hochdimensionalen Raums auch in einem niedrigdimensionalen Raum zu erkennen?

4. Wie fallen die Ergebnisse des Verfahrens im Vergleich zu UNN aus?

5. Wie fallen die Ergebnisse des Verfahrens im Vergleich zu anderen Dimensionsreduktionsverfahren aus?

6. Das Verfahren erzeugt den latenten Raum mit Hilfe einer differenzierbaren Loss-Funktion. Ist es möglich, durch den Einsatz des Gradientenabstiegsverfahrens die Ergebnisse weiter zu verbessern?

7. An welchen Positionen während der Einbettungsphase führt ein Gradientenabstieg zu den größten Verbesserungen?

8. Wie gut sind die mit Hilfe des Gradientenabstiegsverfahrens realisierten Ergebnisse im Vergleich zu anderen Verfahren in Kombination mit dem Gradientenabstieg?

9. Ein wichtiger Punkt beim Einsatz des Nadaraya-Watson-Schätzers ist die Kernel-Funktion. Ist es möglich, mit einer variabel an das Problem angepassten Kernel-Funktion die Ergebnisse zu verbessern, ohne / mit Gradientenabstieg?

10. Ist es möglich, unter Verwendung einer variablen Kernel-Funktion und des Gradientenabstiegs einen latenten Raum zu erzeugen, der für spezielle Nachbarschaftsanfragen besonders gut geeignet ist?

1.6. Übersicht über die Arbeit

Nachdem die Motivation dieser Arbeit erklärt, ein Überblick über die Dimensionsreduktion gegeben und die Ziele dieser Arbeit definiert wurden, wird im folgenden Kapitel 2 in das Thema unüberwachte Regression eingeführt. Dabei wird auf die Loss-Funktion eingegangen und mit der Co-Ranking-Matrix ein weiteres Fehlermaß eingeführt. Der nächste Abschnitt behandelt das Verfahren der *Unüberwachten Nächsten Nachbarn*, welches ein iteratives unüberwachtes Regressionsverfahren ist und die Basis für das in dieser Arbeit entwickelte Verfahren bildet. In dieser Arbeit wird jedoch ein anderes Regressionsmodell verwendet, der Nadaraya-Watson-Schätzer, welcher anschließend ausführlich erklärt wird.

In Kapitel 3 wird das entwickelte Verfahren vorgestellt und die Wahl der Parameter für Bandbreite und Anzahl der erzeugten möglichen latenten Positionen erklärt. Das Verfahren ruft verschiedene Probleme hervor, auf die eingegangen wird und die mit Einführung einer evolutionären Steuerung behoben werden. Die Eigenschaften der Steuerung werden dabei erklärt. Im Folgenden wird die Dimensionsreduktion Tests unterzogen und mit anderen Verfahren verglichen.

Der nächste Schritt ist der Gradientenabstieg in Kapitel 4. Dabei wird die Loss-Funktion partiell nach den einzelnen Mustern und Dimensionen abgeleitet, der verwendetete Algorithmus zur Schrittweitenregelung erklärt und eine differenzierbare Kernel-Funktion eingeführt. Es wird dabei gezeigt, wie der differenzierbare Quartic-Kernel hergeleitet werden kann. In Tests wird das Gradientenabstiegsverfahren beurteilt, zunächst mit zufälligen initialen Räumen, danach mit von dem in dieser Arbeit entwickelten Verfahren erzeugten latenten Räumen und am Ende mit von anderen Dimensionsreduktionsverfahren erzeugten latenten Räumen.

Durch die Einführung einer variablen Kernel-Funktion in Kapitel 5 sollen die Ergebnisse weiter verbessert werden. Dazu werden, zunächst inspiriert von der Herleitung des Quartic-Kernels, Regeln zur Erstellung von Kernel-Funktionen aufgestellt. Mit Hilfe dieser Regeln wird eine neue variable Kernel-Funktion erstellt und diese in die in dieser

Arbeit entwickelten Dimensionsreduktion eingesetzt. Die evolutionäre Steuerung konfiguriert dabei die variable Kernel-Funktion. Die so erzielten Ergebnisse werden mit den Ergebnissen des Quartic-Kernels verglichen. Am Schluss soll gezeigt werden, dass es mit der Kombination aus variabler Kernel-Funktion und evolutionärer Steuerung möglich ist, einen latenten Raum für bestimmte Nachbarschaftsgrößen zu optimieren.

Am Ende dieser Arbeit soll in einem abschließenden Fazit Bilanz gezogen und dabei auch Bezug auf die anfangs gestellten Fragen genommen werden. Zusätzlich sollen in einem Ausblick mögliche Weiterentwicklungen und Fragen beleuchtet werden, die im Rahmen dieser Arbeit aufgezeigt wurden.

2. Unüberwachte Regression

Die unüberwachte Regression ist ein Dimensionsreduktionsverfahren, das durch die Umkehr eines Regressionsmodells f einen latenten Raum $\mathbf{X}$ ermittelt [13]. Das heißt, die Muster des Datenraums sind in diesem Fall $\mathbf{Y}$ und es sind latente Variablen im Raum $\mathbf{X}$ gesucht. Die Idee dabei ist, dass der latente Raum $\mathbf{X}$ eine optimale Form besitzt, wenn sich über das gewählte Regressionsmodell f folgender Zusammenhang ergibt:

$$f(\mathbf{X}) = \mathbf{Y} \qquad (2.1)$$

Dies würde bedeuten, dass es über ein allgemeines Regressionsverfahren möglich wäre, den Datenraum $\mathbf{Y}$ aus dem latenten Raum $\mathbf{X}$ vollständig zu rekonstruieren. Das würde wiederum heißen, dass alle Informationen des Datenraums in umgewandelter Form auch im latenten Raum enthalten sein würden und somit alle Fragen, die mit Hilfe des Datenraums $\mathbf{Y}$ beantwortet werden können, auch durch den latenten Raum $\mathbf{X}$ beantwortet werden könnten.

In der Realität wird es nicht möglich sein, den Zusammenhang $f(\mathbf{X}) = \mathbf{Y}$ herzustellen. Daher wird versucht, die Differenz, häufig in quadratischer und auf die Anzahl der Muster N normierter Form, zwischen $f(\mathbf{X})$ und $\mathbf{Y}$ zu minimieren. Das Quadrat der Differenz zwischen $f(\mathbf{X})$ und $\mathbf{Y}$ nennt man Datenraumrekonstruktions-Fehler [10]:

$$E(\mathbf{Y}, \mathbf{X}) = \frac{1}{N} \left\| \mathbf{Y} - f(\mathbf{X}) \right\|_F^2 \qquad (2.2)$$

Bei der unüberwachten Regression gibt es also einen hochdimensionalen Eingangsdatensatz $\mathbf{Y}$ und einen niedrigdimensionalen Ausgangsdatensatz $\mathbf{X}$, der mit Hilfe eines Regressionsmodells f erzeugt wurde. Man könnte das Regressionsmodell f dabei als eine Art *Bauanleitung* ansehen, die maßgeblich den erzeugten latenten Raum $\mathbf{X}$ beeinflusst, jedoch nach der Erzeugung nicht mehr von Interesse ist.

2.1. Loss-Funktion

Es gibt verschiedene Fehler-Funktionen / Loss-Funktionen, mit denen ein Loss-Fehler berechnet werden kann. In dieser Arbeit werden die Einzelfehler wie beim Datenraumrekonstruktions-Fehler in quadratischer Form addiert, sodass für ein einzelnes Muster bei Verwendung des Nadaraya-Watson-Schätzers als Regressionsmodell gilt:

$$L(\mathbf{y}, f(\mathbf{x}, \mathbf{X})) = \|\mathbf{y} - f(\mathbf{x}, \mathbf{X})\|_2^2 \tag{2.3}$$

Und für alle Muster:

$$L(\mathbf{Y}, f(\mathbf{X})) = \sum_{i=1}^{N} \|\mathbf{y}_i - f(\mathbf{x}_i, \mathbf{X})\|_2^2 \tag{2.4}$$

Wenn ein Muster $\mathbf{x}_i \in \mathbf{X}$ mit der Loss-Funktion $L(\mathbf{y}_i, f(\mathbf{x}_i, \mathbf{X}))$ optimiert werden soll, liegt es Sonderfall vor, da das Muster $\mathbf{x}_i$ das Ergebnis von $f(\mathbf{x}_i, \mathbf{X})$ beeinflusst. Dies kann dazu führen, dass das Muster bei der Optimierung von den anderen Mustern entfernt wird, also in einen Bereich verschoben wird, in dem nur noch das Muster selber Einfluss auf das Ergebnis von $f(\mathbf{x}_i, \mathbf{X})$ hat. Damit gilt praktisch $f(\mathbf{x}_i, \mathbf{X}) \approx f(\mathbf{x}_i, \mathbf{x}_i) = \mathbf{y}_i$, was einen Loss-Fehler im Bereich von 0 verursacht.

Abbildung 2.1 zeigt einen unter Betrachtung des Loss-Fehlers perfekten zweidimensionalen latenten Raum mit Verwendung des Nadaraya-Watson-Schätzers und einer Kernel-Funktion, die ab einer bestimmten Entfernung den Wert 0 zurückgibt, wenn keine Leave-One-Out Kreuzvalidierung verwendet wird. Zu sehen sind dabei neun Muster und ihre Einflussbereiche, außerhalb der Bereiche ist der Nadaraya-Watson-Schätzer undefiniert. Das Ergebnis aus der Abbildung ist nicht gewünscht, da hierbei weder Entfernungen noch Nachbarschaften erhalten bleiben. Soll das Muster $\mathbf{x}_i \in \mathbf{X}$ optimiert

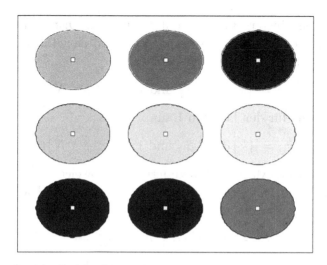

Abbildung 2.1.: Ein perfekter, latenter Raum ohne Leave-One-Out

werden, sollte daher die Loss-Funktion mit der Methode Leave-One-Out Kreuzvalidierung verwendet werden [15], hierbei gilt:

$$L(\mathbf{y}_i, f(\mathbf{x}_i, \mathbf{X} \setminus \mathbf{x}_i)) \qquad (2.5)$$

Durch die Loss-Funktion kann eine Dimensionsreduktion bewertet werden. Auch ist es möglich den Loss-Fehler durch eine differenzierbare Loss-Funktion mit einem Optimierungsverfahren wie dem Gradientenabstieg zu minimieren. Die Loss-Funktion selber ist differenzierbar, jedoch müssen auch das verwendete Regressionsmodell und die verwendete Kernel-Funktion differenzierbar sein, um einen Gradientenabstieg durchführen zu können.

2.2. Co-Ranking-Matrix

Ein weiteres Fehlermaß, mit welchem die Qualität einer Dimensionsreduktion geprüft werden kann, ist die Co-Ranking-Matrix. Sie vergleicht Nachbarschaften, repräsentiert durch Ränge, im Datenraum und im latenten Raum [12]. Zunächst wird die Distanz im Datenraum zwischen den Mustern $\mathbf{y}_i$ und $\mathbf{y}_j$ als δ_{ij} und die Distanz im latenten Raum zwischen den Mustern $\mathbf{x}_i$ und $\mathbf{x}_j$ als d_{ij} eingeführt. Der Rang im Datenraum ist nun wie folgt definiert:

$$p_{ij} = |\{k \mid \delta_{ik} \leq \delta_{ij} \text{ und } 1 \leq k < j < N\}| \qquad (2.6)$$

Und der Rang für den latenten Raum:

$$r_{ij} = |\{k \mid d_{ik} \leq d_{ij} \text{ und } 1 \leq k < j < N\}| \qquad (2.7)$$

Die Co-Ranking-Matrix $\mathbf{Q}$ definiert die Abweichungen zwischen den Rängen im Datenraum und im latenten Raum. Die einzelnen Matrixeinträge sind dabei wie folgt definiert:

$$q_{kl} = |\{(i,j) \mid p_{ij} = k \text{ und } r_{ij} = l\}| \qquad (2.8)$$

Die Diagonaleinträge der Matrix stehen für fehlerfrei in den latenten Raum übertragene Ränge. Bei $p_{ij} > r_{ij}$ liegt eine Intrusion vor, bei $p_{ij} < r_{ij}$ eine Extrusion. Unter Angabe einer Nachbarschaftsgröße K gibt es das Qualitätsmaß $Q_{NX}(K)$. Dieses Qualitätsmaß gibt an, in wie weit die Nachbarschaften unter Berücksichtigung von K erhalten bleiben, das heißt, in wie weit die Menge der k-nächsten Nachbarn mit $k = K$ erhalten bleibt. Die Reihenfolge innerhalb der Menge spielt dabei keine Rolle. Da sich das Ergebnis je nach K ändert, wird $Q_{NX}(K)$ mitunter auch als Funktion von K dargestellt. Definiert ist $Q_{NX}(K)$ wie folgt:

$$Q_{NX}(K) = \frac{1}{KN} \cdot \sum_{k=1}^{K} \sum_{l=1}^{K} q_{kl} \qquad (2.9)$$

Die Co-Ranking-Matrix ist ein Maß, das für die Überprüfung des Erhalts von Nachbarschaften geeignet ist. Der Erhalt von Entfernungen wird von der Co-Ranking-Matrix nicht ausgewertet, auch wenn in vielen Fällen davon auszugehen ist, dass sich die Beibehaltung von Nachbarschaften auch positiv auf den Erhalt von Distanzen auswirkt. Durch die Auswertung von Nachbarschaften eignet sich dieses Qualitätsmaß vor allem für latente Räume, die mit einem nachbarschaftsauswertenden Verfahren weiterverwendet werden.

2.3. Unüberwachte Nächste Nachbarn

Das Verfahren der *Unüberwachten Nächsten Nachbarn* (UNN) ist eine von Kramer vorgestellte Methode zur Dimensionsreduktion [9]. Es handelt sich dabei um eine unüberwachte Regression, die als Regressionsmodell k-nächste Nachbarn nutzt und den latenten Raum iterativ aufbaut. UNN ist somit die Basis für das in dieser Arbeit entwickelte Verfahren und unterscheidet sich hauptsächlich durch die Verwendung des Regressionsmodells der k-nächsten Nachbarn.

Bei k-nächste Nachbarn handelt es sich um ein Klassifikationsverfahren, das ein zu klassifizierendes Muster anhand seiner k-nächsten Nachbarn klassifiziert [1]. Soll beispielsweise ein Muster $\mathbf{x}$ mit $k = 3$ klassifiziert werden und sind in seiner Menge der drei nächsten Nachbarn zwei Muster mit dem Label Wert A und eins mit dem Label Wert B, so wird klassischerweise eine Mehrheitsentscheidung getroffen und das Muster $\mathbf{x}$ wird mit dem Label A klassifiziert. Um nicht eine Klassifikation sondern eine Regression durchzuführen, kann das arithmetische Mittel über die Label $\mathbf{y}_i$ der k-nächsten Nachbarn gebildet werden [5]:

$$f_{\mathrm{KNN}}(\mathbf{x}) = \frac{1}{k} \sum_{i \in \mathcal{N}_k(\mathbf{x})} \mathbf{y}_i \qquad (2.10)$$

In Formel 2.10 ist $\mathcal{N}_k$ die Indexmenge der k-nächsten Nachbarn. Zur Bestimmung der nächsten Nachbarn kann beispielsweise die euklidische Distanz genutzt werden. Es gibt auch Varianten, in denen die nächsten Nachbarn anti-proportional zu ihrem Abstand zum Muster $\mathbf{x}$ gewichtet werden [5].

2.4. Regressionsmodell

Das Grundprinzip, nach dem das in dieser Arbeit entwickelte Verfahren den latenten Raum iterativ aufbaut, gleicht dem Verfahren der unüberwachten nächsten Nachbarn. Die Muster aus dem Datenraum werden nacheinander im latenten Raum platziert und das auf der

Position, die zu einem minimalen Datenraumrekonstuktions-Fehler führt. Im Gegensatz zu dem Verfahren der unüberwachten nächsten Nachbarn kommt hier als Regressionsmodell der Nadaraya-Watson-Schätzer zum Einsatz. Da der Nadaraya-Watson-Schätzer somit ein zentraler Bestandteil dieser Arbeit ist, wird er in diesem Kapitel Schritt für Schritt entwickelt. Begonnen wird dabei mit einem klassischen Histogramm, welches in einem zweiten Schritt um Label-Informationen erweitert wird, wodurch sich eine Art diskreter Nadaraya-Watson-Schätzer ergibt. Mit Hilfe der Kernel-Funktion und des Parzen-Window-Schätzers, welcher eine Art kontinuierliches Histogramm ist, wird aus dem diskreten Nadaraya-Watson-Schätzer der Nadaraya-Watson-Schätzer. Dabei wird auch auf die Bandbreite eingegangen.

2.4.1. Histogramm

Ein Histogramm bietet die Möglichkeit, die Häufigkeitsverteilung vorhandener Daten zu visualisieren. Dabei werden die Daten in Klassen eingeteilt und die Klassen in Form von Balken mit der Größe entsprechend ihrer Häufigkeit dargestellt.

Tabelle 2.1.: Anzahl der Internetnutzer in 1000

	10 bis 15	16 bis 24	25 bis 44	45 bis 64	65 und älter	Insgesamt
Männlich	2277	4207	10478	9275	3102	29338
Weiblich	2169	4025	10263	8581	2056	27093
Insgesamt	4446	8232	20741	17856	5158	56431

Basierend auf Daten des Statistischen Bundesamts[2] über die Anzahl der Internetnutzer in Deutschland – siehe Tabelle 2.1 – wurde ein

---

[2]Statistisches Jahrbuch 2013 – 7 Kultur, Medien, Freizeit

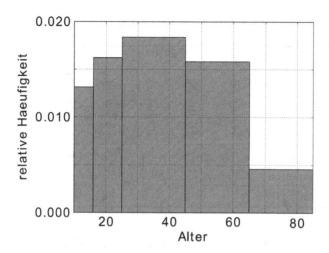

Abbildung 2.2.: Beispiel eines Histogramms

Histogramm als Beispiel erstellt. Abbildung 2.2 zeigt dabei auf der x-Achse das Alter der Nutzer und in Richtung der y-Achse die relative Häufigkeit an Menschen, die aktiv das Internet nutzen. Die Einteilung der Klassen wurde dabei vom statistischen Bundesamt übernommen. Man sieht an Abbildung 2.2, dass es möglich ist, die Klassen unterschiedlich breit einzuteilen. Die Höhe des Balkens, der die Häufigkeit seiner Klasse symbolisiert, ermittelt sich wie folgt:

$$h(\text{Klasse}) = \frac{1}{\text{Breite}_{\text{Klasse}}} \cdot \frac{N_{\text{Klasse}}}{N} \qquad (2.11)$$

Wobei $\text{Breite}_{\text{Klasse}}$ die Breite der Klasse ist – zum Beispiel für die Klasse *16 bis 24* gilt $\text{Breite}_{\text{Klasse}} = 9$. Die Anzahl der Daten einer Klasse ist N_{Klasse} und N ist die Gesamtanzahl der Daten.

Um aus einem Histogramm ein Regressionsmodell zu entwickeln, werden den Daten X Label-Informationen Y hinzugefügt. Es wurde sich dafür entschieden, über das Label anzugeben, wie hoch die Wahrscheinlichkeit ist, dass ein Nutzer täglich im Internet aktiv ist, siehe Tabelle 2.2.

Ist der Nutzer täglich aktiv, so bekommt er das Label 1 (100%), da die Chance bei 100% liegt, dass er täglich im Internet aktiv ist.

Tabelle 2.2.: Anteil der Internetnutzer mit täglicher Aktivität

	10 bis 15	16 bis 24	25 bis 44	45 bis 64	65 und älter	Insgesamt
Männlich	61%	90%	84%	76%	69%	79%
Weiblich	61%	87%	80%	66%	47%	72%
Insgesamt	61%	89%	82%	71%	60%	76%

Ist er nicht täglich aktiv, so erhält er das Label 0 (0%). Über das arithmetische Mittel kann für die einzelnen Klassen die Gesamtwahrscheinlichkeit für die entsprechende Klasse ermittelt werden. Sie ergibt sich zu:

$$f(\text{Klasse}) = \sum_{i \in \mathcal{N}_{\text{Klasse}}} y_i \cdot \frac{1}{N_{\text{Klasse}}} \qquad (2.12)$$

Die Anzahl der Daten einer Klasse ist N_{Klasse}, die Indexmenge der Elemente der Klasse ist $\mathcal{N}_{\text{Klasse}}$ und es gilt $y_i \in Y$.

Mit den Daten aus dem Datensatz des Statistischen Bundesamts ergibt sich Abbildung 2.3. Diese Abbildung ist etwas anders zu interpretieren als ein klassisches Histogramm. Die Höhe der Balken sagt nun etwas über die Klasse der Balken aus und ist nicht mehr eine Eigenschaft der Klasse relativ zum Gesamtdatensatz. So kann beispielsweise gesagt werden, dass 60% aller über 65-Jährigen täglich das Internet nutzen. Es handelt sich hierbei um eine Art diskreten Nadaraya-Watson-Schätzer.

2.4.2. Kernel-Funktion

Die Anwendung der Kernel-Funktion ist der entscheidende Schritt zum kontinuierlichen Nadaraya-Watson-Schätzer. Sie ersetzt das Rechteck, welches im klassischen Histogramm genutzt wird, durch

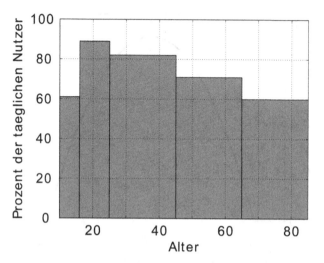

Abbildung 2.3.: Histogramm mit Label-Informationen

einen kontinuierlichen Verlauf. Hierdurch wird eine kontinuierliche Funktion mit Ableitung ohne Unstetigkeitsstellen möglich.

Es gibt eine große Anzahl an Kernel-Funktionen. Verbreitet sind zum Beispiel der Gauss-Kernel und der Epanechnikov-Kernel. Für Kernel-Funktionen gelten zwei Anforderungen [2]: Zum einen muss die Fläche unter der Funktion den Wert 1 ergeben, wie in Formel 2.13 beschrieben. Die Funktion muss zum anderen symmetrisch zur y-Achse sein, wie Formel 2.14 zeigt:

$$\int K(x)dx = 1 \tag{2.13}$$

$$\int x \cdot K(x)dx = 0 \tag{2.14}$$

Kernel-Funktionen können über den durchschnittlichen, integrierten, quadratischen Fehler (MISE: mean integrated squared error) bewertet werden [4]. Für diesen Fehler ist der Epanechnikov-Kernel optimal [22]. Daher wurde er für den ersten Ansatz ausgewählt und wird an dieser Stelle als Beispiel dargestellt. Abbildung 2.4 zeigt die Kernel-Funktion.

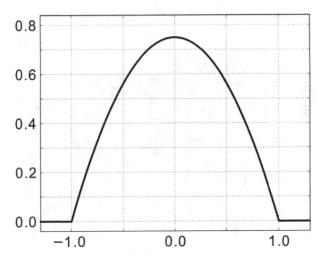

Abbildung 2.4.: Epanechnikov-Kernel-Funktion

$$K_{\text{Epa}}(x) = \begin{cases} \frac{3}{4} \cdot \left(1 - x^2\right) & \text{falls } |x| \leq 1 \\ 0 & \text{falls } |x| > 1 \end{cases} \qquad (2.15)$$

$$K'_{\text{Epa}}(x) = \begin{cases} \frac{3}{4} \cdot (-2x) & \text{falls } |x| \leq 1 \\ 0 & \text{falls } |x| > 1 \end{cases} \qquad (2.16)$$

Definiert ist der Epanechnikov-Kernel wie in Formel 2.15 zu sehen ist. Formel 2.16 macht deutlich, dass die Ableitung des Epanechnikov-Kernels nicht stetig ist. Die Unstetigkeitsstellen befinden sich an den Positionen -1 und 1.

2.4.3. Parzen-Window-Schätzer

Wie einleitend beschrieben, stellt der Parzen-Window-Schätzer eine Art kontinuierliches Histogramm dar. Anstatt die Daten *in Rechtecken zu sammeln*, ist die Idee beim Parzen-Window-Schätzer, für jedes Muster eine Kernel-Funktion auszuprägen und alle Kernel-Funktionsausprägungen zu addieren. Die Formel hierfür lautet:

$$\hat{p}(x) = \frac{1}{N} \cdot \sum_{i=1}^{N} K(x - x_i) \qquad (2.17)$$

Wie bei einem klassischen Histogramm ist die Fläche unter dem Parzen-Window-Schätzer 1, es gilt also $\int \hat{p}(x)dx = 1$. Dies wird über den Faktor $\frac{1}{N}$ und die Eigenschaft der Kernel-Funktion $\int K(x)dx = 1$ sichergestellt.

Geht man von einem Beispieldatensatz $X = (32, 32, 33, 33, 33, 34)$ aus, dann zeigt Abbildung 2.5 diese Daten in klassischer Form als Histogramm. Das Ergebnis des Parzen-Window-Schätzers ist in Abbildung 2.6 zu sehen. Die gestrichelten Kurven deuten die einzelnen Epanechnikov-Funktionen an und die durchgezogene, schwarze Linie zeigt die Summe der Einzelfunktionen.

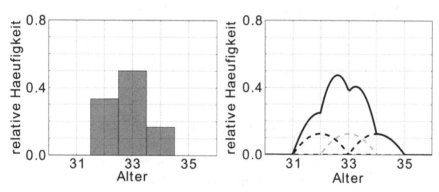

Abbildung 2.5.: Diskretes Histogramm

Abbildung 2.6.: Parzen-Window-Schätzer

Interessant ist, dass der höchste Wert des Parzen-Window-Schätzers nicht, wie zu vermuten, an der Stelle $x = 33$, sondern zwischen 32 und 33 liegt. Die Erklärung dafür kann an den einzelnen Epanechnikov-Funktionen erkannt werden. An der Position $x = 33$ wirken nur die drei Muster mit dem Wert 33. Zwischen der 32 und der 33 wirken sowohl die drei Daten mit dem Wert 33 als auch die beiden Daten mit dem Wert 32. Während die drei Daten an der Position $x = 33$ mit dem Faktor $K(33 - 33) = K(0) = 0{,}75$ gewertet werden, werden diese fünf Daten beispielsweise an der Position 32,5 zwar nur mit dem Faktor $K(33 - 32{,}5)$ bzw. $K(32 - 32{,}5) = K(0{,}5) = K(-0{,}5) = 0{,}5625$ gewertet, jedoch gilt: $3 \cdot 0{,}75 < 5 \cdot 0{,}5625$. Den größten Wert hat der Parzen-Window-Schätzer an der Position $x = 32{,}6$, für die $\hat{p}'(32{,}6) = 0$ gilt.

2.4.4. Bandbreite

Es ist zu erkennen, dass die Breite der Kernel-Funktionen einen großen Einfluss auf das Ergebnis des Parzen-Window-Schätzers hat. Aus diesem Grund ist die Breite der Kernel-Funktionen im Parzen-Window-Schätzer über die Bandbreite h steuerbar. Die Kernel-Funktion erweitert sich von $K(x)$ zu $K(\frac{x}{h})$. Hierdurch verändert sich die Fläche unter der Kernel-Funktion und lautet nun $\int K(x)dx = h$. Baut man diese Veränderungen in die Gleichung des Parzen-Window-Schätzers ein, so erhält man:

$$\hat{p}(x) = \frac{1}{N \cdot h} \cdot \sum_{i=1}^{N} K\left(\frac{x - x_i}{h}\right) \qquad (2.18)$$

Ausgehend von den Daten, mit denen Abbildung 2.6 erstellt wurde, wurden die Abbildungen 2.7 und 2.8 erzeugt, wobei bei der Erstellung die Bandbreite einmal verdoppelt und einmal halbiert wurde. Dabei wird deutlich, welch großen Einfluss die Bandbreite auf die Funktion des Parzen-Window-Schätzers hat. Bei der Suche nach einer passenden Bandbreite kann die Silverman-Regel helfen. In Anhang A.1 wird die Regel anhand eines Beispiels dargestellt.

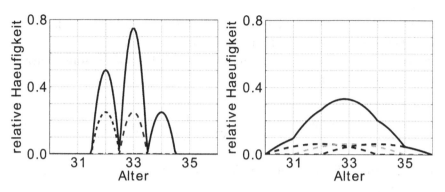

Abbildung 2.7.: Parzen-Window-
                Schätzer mit
                $h = 0{,}5$

Abbildung 2.8.: Parzen-Window-
                Schätzer mit
                $h = 2{,}0$

2.4.5. Nadaraya-Watson-Schätzer

Kombiniert man die Ideen des Histogramms als Regressionsmodell und des Parzen-Window-Schätzers, so kommt man zum Nadaraya-Watson-Schätzer. Ausgangspunkt ist dabei Formel 2.12, die das Histogramm als Regressionsmodell beschreibt. Abstrakt formuliert könnte diese Formel wie folgt lauten:

$$f(x) = \sum_i y_i \cdot \frac{g}{g_{\text{all}}} \tag{2.19}$$

Tabelle 2.3.: Variablen für den Nadaraya-Watson-Schätzer

Abstrakt	Diskret	Kontinuierlich
g	1	$K(x - x_i)$
i	$i \in \mathcal{N}_{\text{Klasse}}$	$1 \leq i \leq N$
g_{all}	N_{Klasse}	$\sum_{j=1}^{N} K(x - x_j)$

Tabelle 2.3 zeigt die Realisierung der abstrakten Platzhalter aus Formel 2.19 für den abstrakten, diskreten und kontinuierlichen Fall.

Im kontinuierlichen Fall werden die Elemente wie im Fall des kontinuierlichen Histogramms, siehe Formel 2.18, durch die Kernel-Funktion
gewichtet. So ergibt sich die Formel für den Nadaraya-Watson-Schätzer
mit x_i, $x_j \in X$ und $y_i \in Y$:

$$f(x) = \sum_{i=1}^{N} y_i \cdot \frac{K(x - x_i)}{\sum_{j=1}^{N} K(x - x_j)} \qquad (2.20)$$

Ergänzt man die Formel mit der Variationsmöglichkeit durch die
Bandbreite, so gilt:

$$f(x, h) = \sum_{i=1}^{N} y_i \cdot \frac{K(\frac{x - x_i}{h})}{\sum_{j=1}^{N} K(\frac{x - x_j}{h})} \qquad (2.21)$$

Der Übersicht halber kann Formel 2.21 über die Beziehung $\frac{1}{h} \cdot K(\frac{x}{h}) = K_h(x)$ wie folgt ausgedrückt werden:

$$f(x, h) = \sum_{i=1}^{N} y_i \cdot \frac{K_h(x - x_i)}{\sum_{j=1}^{N} K_h(x - x_j)} \qquad (2.22)$$

Formel 2.22 zeigt den univariaten Fall des Nadaraya-Watson-Schätzers.
Der multivariate Fall lässt sich erzeugen, indem y durch $\mathbf{y}$ ersetzt
und anstatt der Differenz zwischen x und x_i beziehungsweise x_j
die euklidische Distanz, der Einfachheit halber in quadratischer
Form, genutzt wird: $\|\mathbf{x} - \mathbf{x}_i\|_2^2$. Somit lautet der multivariate Fall
des Nadaraya-Watson-Schätzers mit $\mathbf{x}_i$, $\mathbf{x}_j \in \mathbf{X}$ und $\mathbf{y}_i \in \mathbf{Y}$:

$$f(\mathbf{x}, h) = \sum_{i=1}^{N} \mathbf{y}_i \cdot \frac{K_h(\|\mathbf{x} - \mathbf{x}_i\|_2^2)}{\sum_{j=1}^{N} K_h(\|\mathbf{x} - \mathbf{x}_j\|_2^2)} \qquad (2.23)$$

Mit $K_h(\|\mathbf{x} - \mathbf{x}_i\|_2^2) = \mathbf{K}_h(\mathbf{x} - \mathbf{x}_i)$ folgt die übersichtliche, multivariate
Form:

$$f(\mathbf{x}, h) = \sum_{i=1}^{N} \mathbf{y}_i \cdot \frac{\mathbf{K}_h(\mathbf{x} - \mathbf{x}_i)}{\sum_{j=1}^{N} \mathbf{K}_h(\mathbf{x} - \mathbf{x}_j)} \qquad (2.24)$$

In einem Beispiel wird von den Mustern $\mathbf{X} = (\mathbf{x}_1, \mathbf{x}_2, \mathbf{x}_3)$ mit $\mathbf{x}_1 = (1,0, 1,0)^T$, $\mathbf{x}_2 = (1,5, 1,5)^T$ und $\mathbf{x}_3 = (2,0, 2,0)^T$ ausgegangen. Als Label-Information liegt $Y = (y_1, y_2, y_3)$ mit $y_1 = 1,0$, $y_2 = 2,0$ und $y_3 = 2,0$ vor. Mit diesen Daten soll ein Regressionsmodell visualisiert werden.

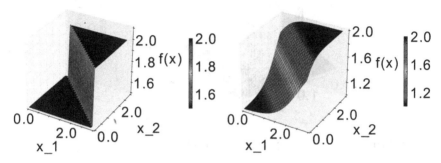

Abbildung 2.9.: k-nächste Nachbarn

Abbildung 2.10.: Nadaraya-Watson-Schätzer

Abbildung 2.9 präsentiert das Ergebnis bei Verwendung von k-nächste Nachbarn mit $k = 2$ als Regressionsmodell. Es ist zu sehen, dass die Labelvorhersagen, dargestellt auf der vertikalen z-Achse, nur zwei mögliche Werte annehmen: $(1 + 2)/2 = 1,5$ und $(2 + 2)/2 = 2,0$. Der in Abbildung 2.10 genutzte Nadaraya-Watson-Schätzer verwendet eine Bandbreite von $h = 0,5$ und den Gauss-Kernel:

$$K(x) = e^{-\frac{x^2}{2}} \tag{2.25}$$

Die Abbildung soll den kontinuierlichen Verlauf zwischen den Werten bei Verwendung des Nadaraya-Watson-Schätzers zeigen. Auch durch den kontinuierlichen Verlauf wird eine Verbesserung gegenüber dem Verfahren der unüberwachten nächsten Nachbarn erhofft. Jedoch werden dadurch auch die Rechenkosten ansteigen.

Abbildung 2.11 zeigt die Beispieldaten unter Verwendung des Nadaraya-Watson-Schätzers mit Epanechnikov-Kernel und einer Bandbreite von $h = 0,5$. Wie aus Formel 2.15 bekannt, gibt der Epanechnikov-Kernel ab einer Entfernung von 1 den Wert 0 zurück. Da

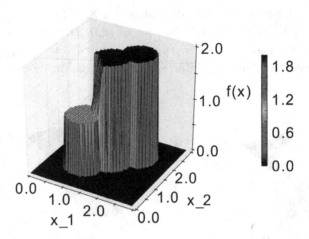

Abbildung 2.11.: Nadaraya-Watson-Schätzer mit $h = 0{,}5$

die Kernel-Funktion im Nadaraya-Watson-Schätzer auf die Bandbreite normiert ist, wird der verwendete Epanechnikov-Kernel ab einer Entfernung z mit $z > h = 0{,}5$ den Wert 0 zurückgeben. Betrachtet man nun beispielsweise die Position $\mathbf{x}_a = (3, 0)^T$, so ergibt sich Formel 2.23 zu:

$$f(\mathbf{x}, 0{,}5) = 1 \cdot \frac{0}{0 + 0 + 0} + \ldots \qquad (2.26)$$

Der Rückgabewert des Nadaraya-Watson-Schätzers ist hier aufgrund der Division durch den Wert 0 undefiniert. Für Abbildung 2.11 wurde festgelegt, dass im undefinierten Fall $f(\mathbf{x}, h) = 0$ gilt. Für mit dem Nadaraya-Watson-Schätzer arbeitende Algorithmen kann dies jedoch zu Schwierigkeiten führen, weshalb sie diese Besonderheit berücksichtigen müssen. Es kann also zu Problemen führen, wenn die Kernel-Funktion ab einer bestimmten Entfernung den Wert 0 annimmt. Jedoch hat dies auch den Vorteil, dass in komplexen Modellen viele Rückgabewerte den Wert 0 annehmen und sich somit die folgenden Berechnungen vereinfachen.

In Abbildung 2.11 kann man drei definierte Kreise für die drei vom Regressionsmodell gelernten Muster erkennen. Des Weiteren deutet die Abbildung an, dass zwischen Muster $\mathbf{x}_1$ mit dem Label $y_1 = 1$ und dem Muster $\mathbf{x}_2$ mit dem Label $y_2 = 2$ in den Funktionswerten des Regressionsmodells ein kontinuierlicher Verlauf zu erkennen ist.

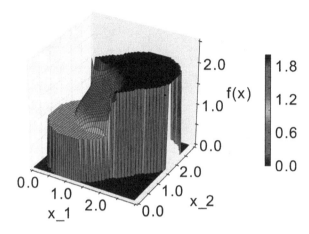

Abbildung 2.12.: Nadaraya-Watson-Schätzer mit $h = 1{,}0$

Für Abbildung 2.12 wurde die Bandbreite auf $h = 1{,}0$ erhöht, mit dem erwarteten Ergebnis, dass der definierte Bereich vergrößert wurde und die einzelnen Kernel-Funktionen mehr ineinander verschachtelt sind, sodass der Verlauf von Label y_1 zu y_2 einen größeren Bereich abdeckt. Ab welcher Bandbreite sich das Muster $\mathbf{x}_a = (3{,}0)^T$ im definierten Bereich des Nadaraya-Watson-Schätzers befindet, kann in Anhang A.2 nachgelesen werden.

3. Unüberwachte Kernel-Regression

In diesem Kapitel wird der in dieser Arbeit entwickelte Algorithmus zur Dimensionsreduktion vorgestellt. Er orientiert sich an UNN und somit an der unüberwachten Regression, jedoch verwendet er als Regressionsmodell den Nadaraya-Watson-Schätzer mit Kernel-Funktion, weshalb es sich um eine unüberwachte Kernel-Regression handelt, wie beispielsweise aus [7] bekannt. Neu ist der iterative Aufbau des latenten Raums, der sich an UNN orientiert. Abbildung 3.1 zeigt das iterative Verfahren (itUKR) zur Dimensionsreduktion in einem UML-Aktivitätsdiagramm in der finalen Version, welche den Gradientenabstieg beinhaltet und die Möglichkeit für das Verfahren bietet, einen Aufruf zu beenden ohne eine Lösung zurückzugeben. Auf die beiden Punkte wird in Abschnitt 3.4 und 4 eingegangen. An dieser Stelle wird das Verfahren vorerst ohne diese beiden Punkte betrachtet. Zunächst wird in dem Verfahren auf das nächste Muster zugegriffen. Handelt es sich dabei um das erste Muster, wird es im Ursprung eingebettet, das heißt, es gilt $\mathbf{x}_1 = (0, 0, ..., 0)$ mit $\mathbf{x}_1 \in \mathbb{R}^q$. Bei jedem anderen Muster $\mathbf{x}_i$ wird das nächste, bereits eingebettete Muster im Datenraum gesucht. Ausgehend von diesem Muster findet ein n-faches *Gauss sampling* unter Verwendung der Normalverteilung $\mathcal{N}$ für eine Position im latenten Raum statt. Beschreibt $\mathbf{Y}^*$ den bisher eingebetteten Datenraum und $\mathbf{X}^*$ den bisher erzeugten latenten Raum, so lässt sich eine mögliche neue Position im latenten Raum wie folgt beschreiben:

$$\mathbf{x}_i = \mathcal{N}\left(\mathbf{x}_j, \|\mathbf{y}_i - \mathbf{y}_j\|_2^2\right) \tag{3.1}$$

mit $\mathbf{x}_j \in \mathbf{X}^*$ und $\mathbf{y}_j \in \mathbf{Y}^*$ und $j = \arg\min_{\mathbf{y}_j \in \mathbf{Y}^*} \|\mathbf{y}_i - \mathbf{y}_j\|_2^2$.

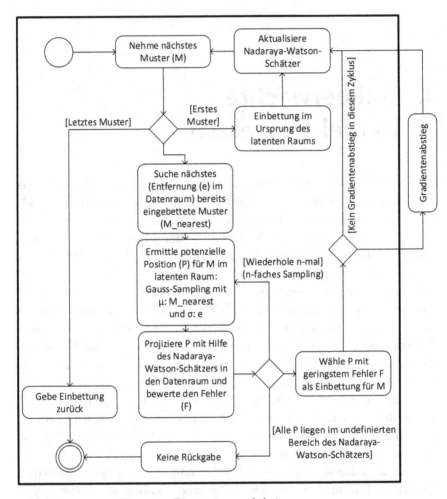

Abbildung 3.1.: Iterative Dimensionsreduktion

In dieser Arbeit wurde eine Abwandlung für die Findung einer neuen Position im latenten Raum verwendet. Dabei wurde anstatt nach dem nächsten Muster $\mathbf{y}_j$ das nächste Muster im Datenraum basierend auf den Einbettungen im latenten Raum $\mathbf{x}_j$ und ihrer Verknüpfungen in den Datenraum $f(\mathbf{x}_j)$ gesucht. Die Idee dahinter ist, dass der Zusammenhang $f : \mathbf{x}_j \rightarrow \mathbf{y}_j$ mit dem Datenraumrekonstruktions-

Fehler behaftet und der eigentlich vorhandene Zusammenhang f : $\mathbf{x}_j \to f(\mathbf{x}_j)$ ist. Somit ergibt sich:

$$\mathbf{x}_i = \mathcal{N}\left(\mathbf{x}_j, \|\mathbf{y}_i - f(\mathbf{x}_j)\|_2^2\right) \tag{3.2}$$

mit $\mathbf{x}_j \in \mathbf{X}^*$ und $\mathbf{y}_j \in \mathbf{Y}^*$ und $j = \arg\min_{\mathbf{y}_j \in \mathbf{Y}^*} \|\mathbf{y}_i - f(\mathbf{x}_j)\|_2^2$.

3.1. Die Bandbreite des Nadaraya-Watson-Schätzers

Wie in Abschnitt 2.4.4 beschrieben, benötigt der Nadaraya-Watson-Schätzer die Angabe einer passenden Bandbreite h. Zur Bestimmung der Bandbreite gibt es verschiedene Ansätze, zum Beispiel die Silverman-Regel. Diese bestimmt eine Bandbreite anhand der Standardabweichung der Muster. Der Nadaraya-Watson-Schätzer arbeitet im latenten Raum, welcher jedoch zu Beginn noch nicht vorhanden ist. Somit ist es nicht möglich, eine Standardabweichung für ihn zu bestimmen. Ob es einen Zusammenhang zwischen der Standardabweichung im latenten Raum und der Standardabweichung im Datenraum gibt, und wenn ja, welche weiteren Abhängigkeiten, wie zum Beispiel Anzahl der Dimensionen oder Anzahl der Muster, dieser Zusammenhang eventuell hat, kann an dieser Stelle nicht beantwortet werden. Da der latente Raum jedoch zufallsgesteuert aufgebaut wird, kann es keinen exakten Zusammenhang zwischen der Standardabweichung im latenten Raum und der Standardabweichung im Datenraum geben.

Aus diesem Grund wird an dieser Stelle zwar eine Bandbreite für den Nadaraya-Watson-Schätzer bestimmt, diese ist jedoch nur als Empfehlung zu betrachten. Es soll eine Bandbreite in Abhängigkeit des Abstands der ersten beiden Muster im Datenraum bestimmt werden, da dieser Abstand die Wahl der Schrittweite σ beim ersten *Gauss-Sampling* bestimmt. Die Grundidee ist, dass der Nadaraya-Watson-Regressor über die Bandbreite eingestellt wird, sodass der Abstand zwischen den ersten beiden Punkten im latenten Raum auf die Größe 1 normiert wird. Wie groß der Abstand tatsächlich ist, hängt von der Realisierung der Normalverteilung ab. Die Bandbreite soll hier so gewählt werden, dass die Chance für einen Abstand größer 1 bei 50% und die Chance für einen Abstand unter 1 auch bei 50% liegt. Da $|\mathcal{N}(0,\sigma)| > \sigma$ in ungefähr 68% aller Fälle zutrifft, wird ein Vorfaktor für die Bandbreite nötig. Dieser ergibt sich zu 0,675, da $|\mathcal{N}(0, 0{,}675 \cdot \sigma)| > \sigma$ in ungefähr 50% aller Fälle zutrifft. Daraus folgt:

$$h = 0{,}675 \cdot \|\mathbf{y}_0 - \mathbf{y}_1\|_2^2 \qquad (3.3)$$

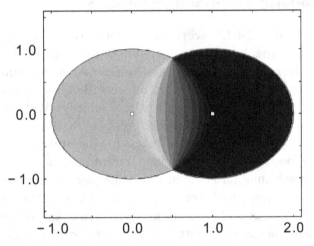

Abbildung 3.2.: Abstand zwischen den Mustern: 1

Abbildung 3.2 zeigt beispielhaft einen zweidimensionalen, latenten Raum. Die beiden weißen Punkte sind die bisherigen Muster. Das erste Muster liegt an der Position $(0, 0)$ und das zweite Muster befindet sich in einem Abstand von 1 an der Position $(1, 0)$. Als Kernel-Funktion wurde der Epanechnikov-Kernel verwendet. Im hell grauen Bereich wird das Ergebnis des Nadaraya-Watson-Schätzers nur von dem ersten Muster beeinflusst. Der dunkle Bereich wird nur von dem zweiten Muster beeinflusst. Zwischen den beiden Mustern ist ein Bereich, in dem beide Muster das Ergebnis des Nadaraya-Watson-Schätzers beeinflussen. In dem weißen Bereich ist der Nadaraya-Watson-Schätzer undefiniert, da der Epanechnikov-Kernel den Wert 0 annimmt, wenn die Distanz größer 1 ist und somit hier $\sum_j K_h(\|\mathbf{x} - \mathbf{x}_j\|_2^2) = 0$ gilt, was eine Division durch 0 verursacht. Es ist zu sehen, dass in dem Bereich zwischen den Mustern je nach Position der Einfluss der Muster unterschiedlich stark ist. Die Distanz von 1 zwischen den ersten beiden Mustern kann jedoch nur als passend angesehen werden, wenn sich diese bezogen auf alle Muster durchschnittlich ähnlich sind, das heißt, wenn Formel 3.4 gilt:

$$\|y_0 - y_1\|_2^2 \approx \frac{1}{\sum_{i=1}^{N-1} i} \cdot \sum_{i=1}^{N} \sum_{j=1}^{i-1} \|y_i - y_j\|_2^2 \qquad (3.4)$$

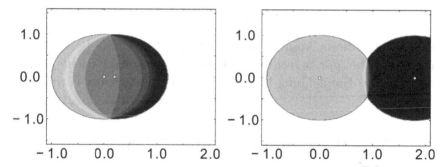

Abbildung 3.3.: Abstand zwischen den Mustern: 0,2

Abbildung 3.4.: Abstand zwischen den Mustern: 1,8

Die Abbildungen 3.3 und 3.4 zeigen prinzipiell das Gleiche wie Abbildung 3.2, jedoch mit anderem Abstand zwischen den Mustern. Es ist gut vorstellbar, dass Abbildung 3.3 für den Fall ähnlicher Muster besser geeignet ist als Abbildung 3.2 und Abbildung 3.4 besser funktioniert bei unähnlichen Mustern. Die Ähnlichkeit zwischen den Mustern ist relativ. Das heißt, es kann keine Aussage über sie getroffen werden bei Betrachtung von nur einem Abstand. Würde der erwartete Abstand als Kehrwert der Ähnlichkeit bestimmt werden, so ergibt sich die Bandbreite zu:

$$h = 0{,}675 \cdot \text{distance}_{\text{mean}} \qquad (3.5)$$

Ist N_0 die Anzahl der betrachteten Muster für eine Abstandsermittlung, so könnte sich der Abstand wie folgt ergeben:

$$\text{distance}_{\text{mean}} = \frac{1}{N_0 - 1} \cdot \sum_{i=1}^{N_0 - 1} \|y_i - y_{i+1}\|_2^2 \qquad (3.6)$$

In diesem Fall würden die Abstände der benachbarten Muster so, wie sie für den iterativen Prozess vorliegen, berechnet werden. Anstatt nur die Ähnlichkeit der hintereinander folgenden Muster zu berücksichtigen, ist es auch möglich, die Distanz zwischen allen Mustern zu verwenden. Für die erwartete Distanz gilt hier:

$$\text{distance}_{\text{mean}} = \frac{1}{\sum_{i=1}^{N_0 - 1} i} \cdot \sum_{i=1}^{N_0} \sum_{j=1}^{i-1} \|y_i - y_j\|_2^2 \qquad (3.7)$$

Der Nachteil dieses Ansatzes sind höhere Kosten für die Bestimmung. Da es sich bei der berechneten Bandbreite an dieser Stelle jedoch nur um eine Empfehlung handelt, wird der Ansatz aus Formel 3.6 gewählt.

3.2. Anzahl der erzeugten möglichen latenten Positionen

Es werden n mögliche latente Punkte $\mathbf{x}_i$ mit $i = 1 \ldots n$ erzeugt und für jedes $\mathbf{x}_i$ der Loss-Fehler bestimmt. Das $\mathbf{x}_i$ mit dem kleinsten Fehler wird ausgewählt, wie in Abbildung 3.1 zu sehen ist. Für die Wahl von n sind verschiedene Ansätze denkbar. Zwei mögliche Variationen werden an dieser Stelle näher erläutert und von ihnen erzeugte Lösungen im späteren Verlauf miteinander verglichen.

Es könnte ein konstanter Wert verwendet werden. Dieser konstante Wert soll dabei abhängig von der Anzahl der Dimensionen im latenten Raum sein, da die Komplexität des Optimierungsproblems mit jeder zusätzlichen Dimension exponentiell ansteigt. Vorteil dieser Variante könnte sein, dass ausgehend von dem nächsten Muster gleichmäßig in alle Richtungen nach einer Position im latenten Raum gesucht wird.

Mit einem evolutionären Algorithmus (EA) könnten die Ergebnisse bei der Suche nach einer möglichst optimalen Position für das neue Muster im latenten Raum verbessert werden. Hier soll ein $(\mu + \lambda)$-EA mit $\mu = 1$ und $\lambda = n$, also ein $(1+n)$-EA, eingesetzt werden. Das heißt, mit jeder Generation wird eine Population von n neuen Lösungen erzeugt und die bisher beste Lösung gewählt, um ausgehend von dieser die nächste Generation zu erzeugen. Da nur das beste Muster gewählt wird, entfällt der Schritt der Rekombination. Abgebrochen wird, sobald eine neue Generation zu keiner Verbesserung geführt hat. Vorteil dieser Variante könnte sein, dass die Anzahl der Sampling-Schritte an die Situation angepasst wird. Dazu werden die Erfahrungen der bisherigen Suche genutzt, indem die bisher beste gefundene Position als Ausgangspunkt für die weitere Suche verwendet wird.

Die beiden Varianten sollen miteinander verglichen werden, um eine Wahl für eine der Varianten treffen zu können. Basis bildet das vorgestellte Testszenario. Als Kernel-Funktion wird der Epanechnikov-Kernel gewählt und die Bandbreite des Nadaraya-Watson-Schätzers wird auf die Empfehlung aus Abschnitt 3.1 gesetzt. Als Bewertungskriterium wird der Loss-Fehler genutzt. Zusätzlich zum arithmetischen Mittelwert und zur Standardabweichung wird der maximale und minimale Loss-Fehler angegeben. Damit die Zahlen besser miteinander verglichen werden können, werden die Standardabweichung und der minimale und maximale Wert relativ zum Mittelwert je Zeile angegeben.

Im ersten Ansatz wird die Konstante n für die Anzahl auf den Wert $n = 4^d = 16$ gesetzt. Die Idee hinter der Wahl ist, dass das Muster im Datenraum mit der kleinsten Distanz zum neuen Muster auch im latenten Raum relativ nahe an der optimalen Position mit minimalem Loss-Fehler für das neue Muster ist und es somit eventuell ausreichend ist, diese Position mit einer hohen Wahrscheinlichkeit zu verbessern, unabhängig von der quantitativen Größe der Verbesserung. Geht man sehr vereinfacht davon aus, dass sich mit jedem Versuch der Loss-Fehler entweder verbessert oder verschlechtert, so liegt bei 4 Versuchen die Chance bei über 90% $(1 - 0{,}5^4)$, eine Position mit niedrigerem Loss-Fehler als an der Ausgangsposition für das neue

Muster zu finden. Die Größe der Population in der evolutionären Variante wird zunächst auf $3^d = 9$ gesetzt – inspiriert durch den konstanten Wert, jedoch etwas reduziert, da mehrere Generationen möglich sind.

Tabelle 3.1.: Vergleich der Sampling-Methoden

Variante	Parameter	Loss-Fehler	Max.	Min.
Konst.	Schritte: 4^2	1846 ± 45	1921	1755
Ansatz		$100{,}0\% \pm 2{,}4\%$	104,1%	95,1%
Evo.	Population: 3^2	1808 ± 52	1917	1709
Ansatz	$\hat{=}$ Schritte: 27	$100{,}0\% \pm 2{,}9\%$	106,0%	94,5%
Konst.	Schritte: 27	1825 ± 52	1929	1716
Ansatz		$100{,}0\% \pm 2{,}8\%$	105,7%	94,0%

Tabelle 3.1 zeigt die Ergebnisse. Im Schnitt erzeugt der EA in diesem Szenario knapp drei Generationen, was 27 erzeugten Lösungen entspricht. Daher wurde die Variante mit konstanter Anzahl ein zweites Mal, jedoch mit 27 Schritten, getestet. Die Ergebnisse erscheinen zunächst unerwartet. Tendenziell sollte die relative Standardabweichung mit steigender Anzahl an Schritten sinken. Dies liegt vereinfacht gesagt daran, dass bei wenigen Schritten aus einer Menge von wenigen Lösungen die beste ausgewählt wird. Dies kann abstrakt ausgedrückt eine *durchschnittliche, gute* oder *sehr gute* Lösung sein. Bei vielen Schritten steht eine größere Menge an Lösungen zur Verfügung und somit ist die Chance hoch, dass zumindest eine *gute* Lösung gefunden wird. Die Variation zwischen *durchschnittlich, gut* und *sehr gut* ist größer als zwischen *gut* und *sehr gut*, weshalb die Standardabweichung mit steigender Anzahl an Schritten sinken sollte. Dass die Standardabweichung nicht sinkt, wird als Zeichen dafür interpretiert, dass die Anzahl der Schritte zu gering ist.

Die Ergebnisse nach Erhöhung der Schritte können in Tabelle 3.2 abgelesen werden. Betrachtet man zunächst den konstanten Fall, so ist zu sehen, dass die Standardabweichung durch die Verdopplung der Schritte auf 54 verringert wurde. Dazu konnten die Ergebnisse

Tabelle 3.2.: Vergleich der Sampling-Methoden (erhöhte Anzahl)

Variante	Parameter	Loss-Fehler	Max.	Min.
Konst.	Schritte: 54	1783 ± 40	1861	1694
Ansatz		$100{,}0\% \pm 2{,}2\%$	$104{,}4\%$	$95{,}0\%$
Konst.	Schritte: 71	1782 ± 41	1875	1717
Ansatz		$100{,}0\% \pm 2{,}3\%$	$105{,}2\%$	$96{,}4\%$
Evo.	Population: 16	1789 ± 45	1866	1667
Ansatz	$\hat{=}$ Schritte: 48	$100{,}0\% \pm 2{,}5\%$	$104{,}3\%$	$93{,}2\%$
Evo.	Population: 24	1786 ± 47	1878	1687
Ansatz	$\hat{=}$ Schritte: 72	$100{,}0\% \pm 2{,}6\%$	$105{,}2\%$	$94{,}5\%$

verbessert werden. Eine Verdreifachung der Schritte auf 71 kann die Ergebnisse nicht weiter verbessern. Auch bei größeren Populationen erzeugt der evolutionäre Ansatz im Schnitt knapp drei Generationen. Der evolutionäre Ansatz erzielt im Schnitt ähnlich gute Ergebnisse wie der konstante Fall, jedoch ist hier die Standardabweichung etwas höher als im konstanten Fall. Die besten Ergebnisse erzeugt der evolutionäre Ansatz, wie die höhere Standardabweichung vermuten lässt, auch wenn die Ergebnisse im Mittel nicht besser sind. Um jedoch die Chance auf die besten Ergebnisse zu haben, wird im weiteren Verlauf dieser Arbeit der evolutionäre Ansatz mit einer Population von 4^d gewählt.

3.3. Probleme der iterativen Dimensionsreduktion

Während der Tests sind verschiedene Probleme bei der iterativen Dimensionsreduktion aufgetreten, auf die im Folgenden eingegangen wird. Bei einer verwendeten Kernel-Funktion wie dem Epanechnikov-Kernel kann der Nadaraya-Watson-Schätzer durch die Division durch den Wert 0 einen undefinierten Zustand annehmen. In dem Verfahren kann dies vorkommen, wenn eine Position im latenten Raum für ein Muster gesucht wird. Wird das Muster im undefinierten Bereich des

Nadaraya-Watson-Schätzers platziert, so ist es nicht möglich, einen Loss-Fehler für diese Position zu bestimmen. Man kann diesen Zustand als maximalen Loss-Fehler definieren, jedoch wird es problematisch, wenn alle n möglichen Positionen für das Muster im undefinierten Bereich liegen. Eine mögliche Lösungsidee ist es, so lange weiter zu suchen, bis eine definierte Position gefunden wurde. Hierdurch würde sich jedoch die Zufallsverteilung verändern – vergleichbar mit einem Würfel, der in manchen Situationen nochmal gewürfelt werden müsste. Diese Lösung würde dazu führen, dass in dem Sonderfall, in dem alle n möglichen Positionen im undefinierten Bereich des Nadaraya-Watson-Schätzers liegen, praktisch nicht mehr mit $\mathcal{N}(\mathbf{x}_i, \sigma)$, wie in Formel 3.2 beschrieben, nach einer Position im latenten Raum gesucht wird, sondern mit $\mathcal{N}_?(\mathbf{x}_i, \sigma_?)$, wobei sowohl die Wahrscheinlichkeitsverteilung $\mathcal{N}_?$ als auch $\sigma_?$ unbekannt sind. Dies ist nicht gewünscht. Eine weitere denkbare Lösung wäre es, im undefinierten Bereich platzierte Muster nachträglich zu korrigieren. Jedoch ist es schwierig, Muster zu korrigieren, ohne Nachbarschaften im latenten Raum zu verändern. Ein weiteres Problem ist die Empfehlung für eine Bandbreite. Wie gut diese Empfehlung ist, hängt von der Realisierung der Zufallsvariablen ab. Da es sich bei dem Verfahren um ein zufallsgesteuertes Verfahren handelt, ist es möglich, dass das Verfahren aufgrund von ungünstiger Realisierung der Zufallsvariablen ein schwaches Ergebnis liefert.

3.4. Evolutionäre Steuerung für itUKR

Durch Verwendung einer evolutionären Steuerung sollen die Probleme der iterativen Dimensionsreduktion gelöst werden. Die evolutionäre Steuerung beinhaltet die bisherige iterative Dimensionsreduktion und ist somit eine Art Schale für diese.

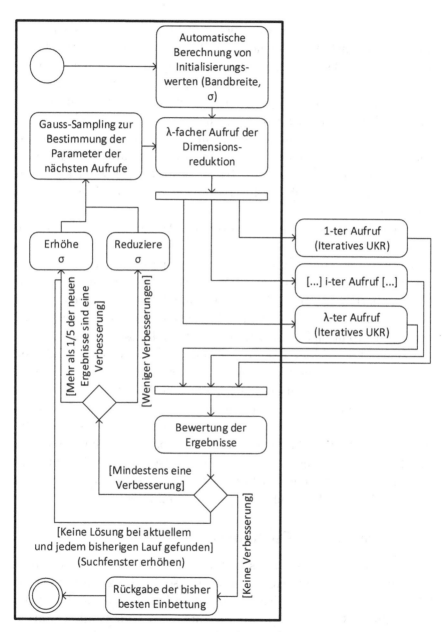

Abbildung 3.5.: Evolutionäre Dimensionsreduktion

Abbildung 3.5 zeigt den evolutionären Algorithmus (evoUKR), der die in Abschnitt 3.3 geschilderten Probleme lösen soll. Nach der automatischen Berechnung der Initialisierungswerte ruft der Algorithmus die iterative Dimensionsreduktion λ-fach auf und bewertet die Ergebnisse. Gab es eine Verbesserung, so wird eine weitere Generation erzeugt. Dabei wird nach der Rechenberg-Regel, siehe Abschnitt 3.4.1, die Strategievariable σ angepasst. Anhand der bisherigen Ergebnisse und σ werden die Parameter für die nächste Generation erzeugt. Gab es keine Verbesserung, wird die bisher beste Lösung zurückgegeben. Sollte es noch keine gültige Lösung geben, so wird das Suchfenster vergrößert.

Durch den Einsatz des evolutionären Algorithmus wird es dem iterativen Algorithmus ermöglicht, in Situationen, in denen der Algorithmus erkennt, dass keine erfolgsversprechene Lösung erzeugt wird, den Vorgang abzubrechen und keine Lösung zurückzugeben. Dies passiert, wenn nur Lösungen im undefinierten Bereich erzeugt werden. Somit ist für diesen Sonderfall keine weitere Fehlerbehandlung nötig. Der evolutionäre Algorithmus stuft keine Lösung als schlechtest möglichen Loss-Fehler ein, womit das Problem des undefinierten Bereichs gelöst ist. Die Bandbreitenempfehlung wird als initialer Wert für die Bandbreite genutzt, welcher über die Mutation variiert wird. Sollte sich während der Laufzeit herausstellen, dass mit einer anderen Bandbreite bessere Ergebnisse erzeugt werden können, so wird der Algorithmus die Bandbreite entsprechend anpassen, wodurch auch das Problem der Bandbreitenempfehlung gelöst ist. Auch die Gefahr, dass bei einem zufallsgesteuerten Verfahren eine schlechte Lösung erzeugt wird, wird durch die Mehrfachausführung minimiert.

3.4.1. Evolutionäre Operatoren

Der evolutionäre Algorithmus besteht aus den Phasen der Selektion, Mutation und Rekombination. In der Phase der Selektion werden die besten Lösungen aus der Menge der bisherigen und neuen Lösungen ausgewählt. Bei der Mutationsvariante wird eine Gauß-Mutation verwendet. Ausgangspunkt ist das Ergebnis der Rekombination x_{Rek}.

Dazu wird eine über den Parameter σ_{Mut} steuerbare Mutation addiert, sodass sich ergibt:

$$x_{\text{Mut}} = x_{\text{Rek}} + \sigma_{\text{Mut}} \cdot \mathcal{N}(0, 1) \qquad (3.8)$$

Da:

$$\mathcal{N}(\mu, \sigma^2) = \frac{1}{\sigma \cdot \sqrt{2\pi}} \cdot e^{-\frac{1}{2}\left(\frac{x-\mu}{\sigma}\right)^2} \qquad (3.9)$$

Ergibt sich über die z-Transformation mit $z = \frac{x-\mu}{\sigma}$ [3]:

$$x_{\text{Mut}} = \mathcal{N}(x_{\text{Rek}}, \sigma_{\text{Mut}}) \qquad (3.10)$$

Zur Steuerung von σ_{Mut} wurde Rechenbergs $\frac{1}{5}$-Regel verwendet [18]. Das heißt, wenn in einer Population mehr als $\frac{1}{5}$ der Lösungen eine Verbesserung darstellen, wird σ_{Mut} erhöht, andernfalls wird σ_{Mut} verkleinert. Für die Rekombination gibt es verschiedene Ansätze, die im Folgenden getestet werden. Bei der dominanten Rekombination ist das Ergebnis der Rekombination eine zufällige Kombination der einzelnen Parameter. Bei der intermediären Rekombination ist das Ergebnis der Rekombination das arithmetische Mittel aus den Parametern der besten Lösungen [8]. Zusätzlich wird eine hybride Rekombination getestet, bei der sowohl die dominante Rekombination als auch die intermediäre Rekombination zum Einsatz kommen. Per Zufall wird entschieden, welche Variante gewählt wird.

3.4.2. Vergleich der Rekombinationsvarianten

In Tests soll die Entscheidung für eine Rekombinationsmethode getroffen werden. Dabei werden die dominante, intermediäre und hybride Rekombination miteinander verglichen. Die Rahmenbedingungen werden aus Abschnitt 3.2 übernommen. Die Populationsgröße wird zunächst auf fünf gesetzt und bei der Selektion werden die zwei besten Lösungen gewählt. Zur Vergrößerung beziehungsweise Verkleinerung von σ_{Mut} wird der Faktor 2 genutzt.

Tabelle 3.3 zeigt die Ergebnisse der Tests zum Vergleich der Rekombinationsmethoden. Die Ergebnisse der verschiedenen Rekombinationsmethoden sind ähnlich. Auffällig sind die deutlichen Verbesserungen

Tabelle 3.3.: Vergleich der Rekombinationsmethoden für $(2 + 5)$

Variante	Loss-Fehler	Max.	Min.
Dominante	1713 ± 20	1740	1679
Rekombination	$100{,}0\% \pm 1{,}2\%$	101,6%	98,0%
Intermediäre	1708 ± 26	1760	1654
Rekombination	$100{,}0\% \pm 1{,}5\%$	103,0%	96,8%
Hybride	1711 ± 31	1788	1613
Rekombination	$100{,}0\% \pm 1{,}8\%$	104,5%	94,3%

gegenüber den Testergebnissen aus den Tabellen 3.1 und 3.2, wobei diese Verbesserungen auch darauf beruhen, dass die iterative von der evolutionären Dimensionsreduktion mehrfach aufgerufen und nur die beste Lösung ausgewählt wird. Um zu testen, ob sich die Ergebnisse weiter verbessern lassen, wurden sowohl die Population als auch die Anzahl der ausgewählten Lösungen in der Phase der Selektion vergrößert.

Tabelle 3.4.: Vergleich der Rekombinationsmethoden

Variante	Parameter	Loss-Fehler	Max.	Min.
Hybride	$(2 + 7)$	1701 ± 24	1752	1655
Rekombination	$n \approx 20$	$100{,}0\% \pm 1{,}4\%$	103,0%	97,3%
Hybride	$(3 + 9)$	1698 ± 16	1733	1673
Rekombination	$n \approx 40$	$100{,}0\% \pm 0{,}9\%$	102,1%	98,5%
Dominante	$(2 + 7)$	1708 ± 23	1751	1672
Rekombination	$n \approx 20$	$100{,}0\% \pm 1{,}3\%$	102,5%	97,9%
Dominante	$(3 + 9)$	1695 ± 21	1736	1654
Rekombination	$n \approx 40$	$100{,}0\% \pm 1{,}2\%$	102,4%	97,6%

In Tabelle 3.4 sind die Ergebnisse zu sehen. Es wurden dabei die hybride und die dominante Rekombination getestet, da diese im vorherigen Test die größte, beziehungsweise kleinste Standardabweichung hatten. Die Ergebnisse konnten durch die größeren Populationen zwar leicht verbessert werden, jedoch sind die Verbesserungen auch der erhöhten Anzahl an Aufrufen geschuldet. In der $(2 + 7)$-Variante erzeugt der evolutionäre Algorithmus ungefähr 20 Lösungen pro Aufruf. Die $(3 + 9)$-Variante führt zu knapp 40 Lösungen pro Aufruf. Zum Vergleich wird die iterative Methode mit der Bandbreite $h = 35$ unterschiedlich oft aufgerufen. Die Bandbreite wurde gewählt, da die besten Ergebnisse der evolutionären Methode Bandbreiten in dem Bereich $h = 35$ hatten. Tabelle 3.5 zeigt die Ergebnisse der Testreihe.

Tabelle 3.5.: n-facher Aufruf der iterativen Methode mit $h = 35$

Variante	Parameter	Loss-Fehler	Max.	Min.
Iterative	$n = 5$	1724 ± 26	1769	1673
Methode		$100{,}0\% \pm 1{,}5\%$	102,6%	97,0%
Iterative	$n = 10$	1719 ± 20	1770	1672
Methode		$100{,}0\% \pm 1{,}2\%$	103,0%	97,3%
Iterative	$n = 20$	1699 ± 21	1739	1656
Methode		$100{,}0\% \pm 1{,}2\%$	102,4%	97,5%
Iterative	$n = 40$	1693 ± 12	1723	1674
Methode		$100{,}0\% \pm 0{,}7\%$	101,8%	98,9%

Die Ergebnisse aus Tabelle 3.5 zeigen, dass eine steigende Anzahl von Aufrufen das Ergebnis verbessert. Betrachtet man die Tests mit gleicher Anzahl von Aufrufen, sind die Ergebnisse fast identisch mit den Ergebnissen aus Tabelle 3.4. Eventuell sind sie sogar minimal besser, was daran liegt, dass die evolutionären Varianten bei der Exploration des Suchraums auch unpassende Bandbreiten testen.

Es stellt sich die Frage, warum kein Unterschied zwischen den Rekombinationsmethoden und dem n-fachen Aufruf der iterativen Methode zu erkennen ist. Auffällig ist, dass die Bandbreite der besten Lösungen bei der evolutionären Methode variiert. Im Fall der $(3 + 9)$-hybriden Rekombination liegt die Bandbreite der besten Lösungen bei $h = 31 \pm 7$ und bei der $(3 + 9)$-dominanten Rekombination bei $h = 33 \pm 6$. In beiden Fällen liegt die initiale Bandbreitenempfehlung bei einem Wert knapp unter 30, sodass davon auszugehen ist, dass es nicht *eine exakte, optimale Bandbreite* gibt, die zu einem optimalen Ergebnis führt. Um zu zeigen, dass eine unpassende Bandbreite das Ergebnis stark verschlechtert und eine passende Bandbreite eine Grundvoraussetzung für ein gutes Ergebnis ist, jedoch keinen exakten Wert haben muss, wird eine weitere Testreihe mit dem vorgestellten Testszenario aufgezeichnet. Bei dieser Testreihe wird der iterative Algorithmus direkt ohne die evolutionäre Schale aufgerufen. In der (2 + 7)-Variante erzeugt der evolutionäre Algorithmus ungefähr 20 Lösungen pro Aufruf, daher wird in dieser Testreihe der iterative Algorithmus auch 20 Mal pro Bandbreite aufgerufen. In Tabelle 3.6 sind die Ergebnisse zu sehen.

Tabelle 3.6.: 20-facher Aufruf der iterativen Methode

Variante	Parameter	Loss-Fehler	Max.	Min.
Iterative Methode	$h = 5$	2229 ± 66 100,0% ± 3,0%	2336 104,8%	2039 91,5%
Iterative Methode	$h = 10$	1838 ± 28 100,0% ± 1,5%	1880 102,3%	1776 96,6%
Iterative Methode	$h = 25$	1714 ± 15 100,0% ± 0,9%	1745 101,8%	1686 98,3%
Iterative Methode	$h = 30$	1704 ± 23 100,0% ± 1,3%	1744 102,3%	1660 97,4%
Iterative Methode	$h = 35$	1699 ± 19 100,0% ± 1,1%	1726 101,6%	1650 97,1%
Iterative Methode	$h = 50$	1710 ± 14 100,0% ± 0,8%	1745 102,0%	1690 98,8%
Iterative Methode	$h = 100$	1721 ± 14 100,0% ± 0,8%	1751 101,7%	1693 98,4%
Iterative Methode	$h = 1000$	1748 ± 21 100,0% ± 1,2%	1782 101,9%	1701 97,3%
Iterative Methode	$h = 2000$	1836 ± 57 100,0% ± 3,1%	1944 105,9%	1732 94,3%

Ausgehend von den Ergebnissen des evolutionären Verfahrens, in denen Bandbreiten im Bereich von $h = 31 \pm 7$ beziehungsweise von $h = 33 \pm 6$ gewählt wurden, zeigen die Ergebnisse aus Tabelle 3.6, dass auch bei abweichenden Bandbreiten das Ergebnis recht stabil bleibt. Selbst bei einer Bandbreite von $h = 100$ liegt das beste Ergebnis der Testreihe unter dem durchschnittlichen Wert der Bandbreite $h = 35$. Diese Eigenschaft kann dem evolutionären Verfahren die Wahl der Bandbreite erschweren. Erst bei deutlich abweichenden Bandbreiten werden die Ergebnisse des Verfahrens schlechter. Bei kleinen Bandbreiten werden die Ergebnisse schneller schlechter. Dies liegt auch an der Verwendung des Epanechnikov-Kernels, da der Einflussbereich je Muster bei sehr kleinen Bandbreiten sehr klein wird.

Da die Anzahl der Aufrufe für das Ergebnis wichtiger ist als eine exakte Bandbreiteneinstellung, kann sich keine Rekombinationsmethode von den anderen differenzieren. Zu sehen ist aber, dass die von der evolutionären Methode gewählten Bandbreiten von $h = 31 \pm 7$ beziehungsweise $h = 33 \pm 6$ eine leichte Verbesserung gegenüber der Bandbreitenempfehlung von $h < 30$ darstellen. Für den weiteren Verlauf dieser Arbeit wird die $(2 + 7)$-hybride Rekombination gewählt, da sie alle Rekombinationsmethoden beinhaltet und sich keine einzelne Methode empfehlen konnte. Dazu liefert die $(2 + 7)$-Variante bessere Ergebnisse als die $(2 + 5)$-Variante und nur leicht schlechtere als die $(3 + 9)$-Variante bei halber Anzahl an Aufrufen.

3.5. Einbettung von Digits

In Abschnitt 1.4 wurde gezeigt, dass die Ziffern 1 und 3 von dem Klassifikator 3-nächste Nachbarn gut klassifiziert werden können. Diese gute Klassifizierbarkeit soll mit dem in dieser Arbeit vorgestellten Verfahren in den latenten Raum übertragen werden. Die Ziffern 7 und 9 sind das Ziffernpaar, das am schlechtesten klassifiziert werden kann. Auch diese Schwierigkeiten sollen über die Dimensionsreduktion in einen latenten Raum abgebildet werden.

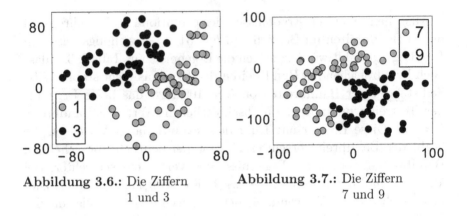

Abbildung 3.6.: Die Ziffern 1 und 3

Abbildung 3.7.: Die Ziffern 7 und 9

Um einen visuellen Eindruck von dem Verfahren zu gewinnen, werden 100 Muster mit den Labeln 1 und 3 aus dem Digits-Datensatz auf einen zweidimensionalen latenten Raum abgebildet. Abbildung 3.6 zeigt die Muster im latenten Raum. Dabei ist jedes Muster entsprechend seines Labels eingefärbt. Bei diesem latenten Raum könnten die Muster mit einer einfachen Geraden, wie $g(x) = 1{,}2x + 17{,}5$, klassifiziert werden. Abbildung 3.8 stellt die Muster entsprechend ihres Labels dar und visualisiert einige Muster mit dem Bild, welches ihre Daten im Datenraum ergeben.

Wie die Ziffern 1 und 3 wurden auch die Ziffern 7 und 9 in einen zweidimensionalen latenten Raum eingebettet. Die Abbildungen 3.7 und 3.9 zeigen das Ergebnis. Der dargestellte latente Raum scheint für eine Klassifikation von 7 und 9 geeignet. Dies war auch zu erwarten, da in den Klassifikationstests aus Abschnitt 1.4 knapp 99% der Muster richtig klassifiziert werden konnten. Jedoch scheint die Klassifikation schwieriger als bei den Ziffern 1 und 3. Eine einfache Gerade kann hier nicht helfen und auch ein klassisches nächste Nachbarnverfahren wird an manchen Stellen nicht zum Erfolg führen. Funktionieren könnte eine Gerade mit Anwendung einer passenden Kernel-Funktion, die den latenten Raum passend *verbiegen* würde.

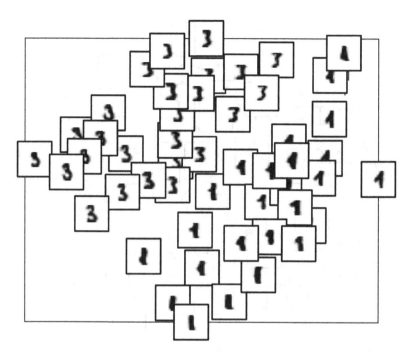

Abbildung 3.8.: Die Ziffern 1 und 3 (mit Bildern)

3.6. Vergleich mit UNN

Für einen Vergleich mit UNN wurde das vorgestellte Testszenario genutzt und mit dem Loss-Fehler bewertet. UNN soll mit dem iterativen Verfahren (itUKR), also ohne evolutionäre Schale, verglichen werden.

Tabelle 3.7.: Vergleich mit UNN

Variante	Parameter	Loss-Fehler
itUKR	$h = 35$	1785 ± 50
UNN	$k = 3$	1825 ± 53
UNN	$k = 10$	1940 ± 61

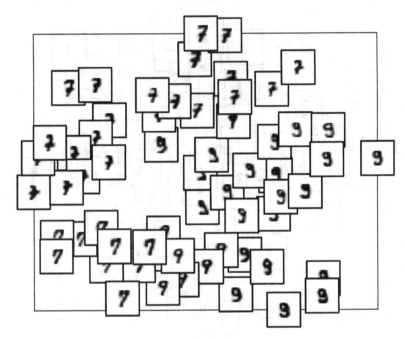

Abbildung 3.9.: Die Ziffern 7 und 9 (mit Bildern)

Tabelle 3.7 zeigt, dass der Loss-Fehler der iterativen Methode mit Verwendung des Nadaraya-Watson-Schätzers als Regressionsmodell in dem gegebenen Testszenario nicht so groß ist, wie der Loss-Fehler bei Verwendung von UNN. Jedoch ist auch zu sehen, dass die Qualität der Ergebnisse von UNN von der Wahl des Parameters k abhängt. Es ist möglich, dass bei optimalem k die Ergebnisse von UNN weiter verbessert werden können.

Neben dem Loss-Fehler wurde die Co-Ranking-Matrix zum Vergleich genutzt. Das vorgestellte Testszenario kam erneut zum Einsatz. Abbildung 3.10 und 3.11 zeigen $Q_{NX}(K)$ auf der y-Achse in Abhängigkeit von K auf der x-Achse. UNN wurde einmal mit dem Parameter $k = 3$ und einmal mit $k = 10$ aufgerufen. Auffällig sind die großen Unterschiede bei Verwendung der verschiedenen Parameter von UNN bei $K < 5$.

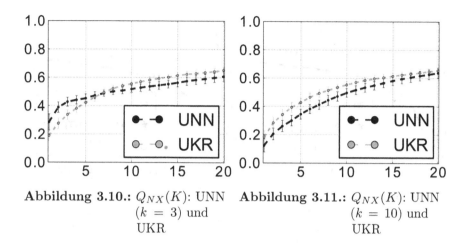

Abbildung 3.10.: $Q_{NX}(K)$: UNN ($k = 3$) und UKR

Abbildung 3.11.: $Q_{NX}(K)$: UNN ($k = 10$) und UKR

3.7. Vergleich mit anderen Verfahren

Für Vergleiche mit anderen Verfahren wurde das evolutionäre Verfahren (evoUKR), in den Abbildungen mit UKR abgekürzt, genutzt. Zur Bewertung wurde die Co-Ranking-Matrix genutzt und $Q_{NX}(K)$ in Abhängigkeit von K dargestellt. Verglichen wurde mit ISOMAP und LLE, welche beide einen Parameter für die zu nutzende Nachbarschaftsgröße haben. Als Standardwert ist diese Nachbarschaftsgröße k in *sklearn* auf 5 gesetzt. Neben dem Standardwert wurde der Test auch mit der Nachbarschaftsgröße $k = 15$ ausgeführt.

Abbildung 3.12 stellt die Ergebnisse unter Verwendung des vorgestellten Testszenarios mit der Nachbarschaftsgröße $k = 5$ für ISOMAP und LLE dar. Abbildung 3.13 bildet die Ergebnisse unter Verwendung der Nachbarschaftsgröße $k = 15$ ab. Sowohl ISOMAP als auch LLE sind deterministisch, weshalb die Standardabweichung in ihren Versuchen den Wert 0 annimmt. Ab einem Bereich von $K > 10$ beziehungsweise $K > 15$ sind die Ergebnisse von evoUKR schlechter als die Vergleichsverfahren. Erklären lässt sich dies mit dem verwendeten Epanechnikov-Kernel, der ab der Entfernung der Bandbreite den Wert 0 zurückgibt. Somit werden Muster außerhalb der Bandbreite nicht differenziert. Für niedrige $K < 10$ beziehungsweise $K < 15$ liefert

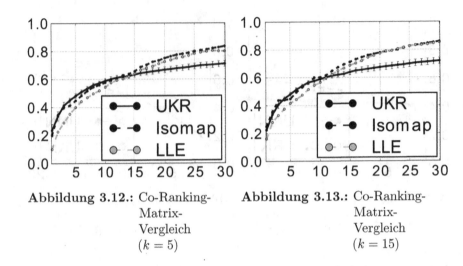

Abbildung 3.12.: Co-Ranking-
                    Matrix-
                    Vergleich
                    $(k = 5)$

Abbildung 3.13.: Co-Ranking-
                    Matrix-
                    Vergleich
                    $(k = 15)$

evoUKR Ergebnisse, die im Bereich von ISOMAP liegen. LLE erzielt
in diesem Bereich schlechtere Ergebnisse.

3.8. Ergebnisse

Es gibt keinen exakten Wert für die Bandbreite, mit dem die eindeutig
besten Ergebnisse erzielt werden. Die höchsten Chancen für ein gutes
Ergebnis bietet im Testszenario eine Bandbreite von $30 \leq h \leq 35$,
wobei selbst mit einer Bandbreite von $25 \leq h \leq 50$ noch gute
Ergebnisse möglich sind. Die Qualität der gefundenen Lösung hängt
stark von der Anzahl der Aufrufe ab, was daran liegt, dass die
Ergebnisse so variieren, dass auch bei einer sehr passenden Bandbreite,
hier: $30 \leq h \leq 35$, ein schlechteres Ergebnis herauskommen kann als
bei einer passenden Bandbreite, hier: $25 \leq h \leq 50$.

Die Eigenschaft des 64-dimensionalen Digits-Datensatzes, dass die
Ziffern 1 und 3 besser klassifiziert werden können als die Ziffern 7 und
9, konnte durch Verwendung von evoUKR in einen zweidimensionalen
latenten Raum übertragen und dadurch visualisiert werden. Ob eine
Eigenschaft in den latenten Raum übertragen werden kann, hängt von
der Eigenschaft und dem Datenraum ab. Das Beispiel zeigt jedoch,

dass Eigenschaften und Datenräume existieren, bei denen das in dieser Arbeit entwickelte Verfahren in der Lage ist, die Eigenschaften bei der Erzeugung des latenten Raumes zu erhalten.

Das iterative Verfahren (itUKR) kann im gewählten Testszenario unter Betrachtung des Loss-Fehlers bessere Ergebnisse als UNN erzielen, wobei die Ergebnisse von UNN Optimierungspotenzial bei der Wahl von k bieten. Bei Betrachtung der Co-Ranking-Matrix kann UNN mit der Parameterwahl von $k = 3$ bessere Ergebnisse bis $K \leq 5$ erzielen und ist für $K > 10$ schlechter. Bei der Wahl von $k = 10$ schneidet UNN bis $K < 15$ schlechter ab und erzielt bei $K = 20$ ein Ergebnis ohne signifikanten Unterschied zu itUKR.

Das evolutionäre Verfahren (evoUKR) zeigt im gewählten Testszenario ab $K > 10$ beziehungsweise $K > 15$ schlechtere Ergebnisse als die Vergleichsverfahren, was mit der Verwendung des Epanechnikov-Kernels erklärt werden kann. Im Bereich $K < 10$ erzielt das Verfahren bessere Ergebnisse als LLE und vergleichbare Ergebnisse wie ISO-MAP.

4. Gradientenabstieg

Das Gradientenabstiegsverfahren ist ein Verfahren zur Minimierung oder zur Maximierung einer Lösung in einem Optimierungsproblem mit einer differenzierbaren Fitnessfunktion. Die Funktion wird dabei partiell nach den einzelnen Elementen abgeleitet und die Lösung zur Maximierung mit der Steigung und zur Minimierung entgegen der Steigung verschoben [14]. In dieser Arbeit ist die Loss-Funktion die Fitnessfunktion und soll minimiert werden.

Abbildung 4.1 zeigt den implementierten Algorithmus zum Gradientenabstieg. Der Algorithmus berechnet zunächst die Gradientenmatrix und sucht dann in einem evolutionären Verfahren eine Schrittweite α, mit der der Gradientenabstieg, welcher in Formel 4.1 beschrieben ist, durchgeführt wird. Der komplette Gradientenabstieg inklusive der Berechnung der Gradientenmatrix, der evolutionären Schrittweitenbestimmung und der Ausführung des Gradientenabstiegs kann mehrfach durchgeführt werden. So gibt es im Folgenden Versuche, in denen der Gradientenabstieg so lange wiederholt wird, bis ein lokales Optimum gefunden wird und mit der implementierten Schrittweitenregelung keine Verbesserung mehr erzielt werden kann. Daneben gibt es Versuche, in denen der Gradientenabstieg gezielt so oft wiederholt wird, sodass verschiedene Testfälle mit ungefähr gleich hohen Rechenkosten entstehen.

$$\mathbf{X}_{\mathrm{mod}} = \mathbf{X} - \alpha \cdot \nabla L(f(\mathbf{X}), \mathbf{Y}) \qquad (4.1)$$

Da $\mathbf{X}$ der vorhandene Raum und α ein Skalar ist, ist für die Durchführung des Gradientenabstiegs *nur* noch die Gradientenmatrix, siehe Formel 4.2, zu bestimmen.

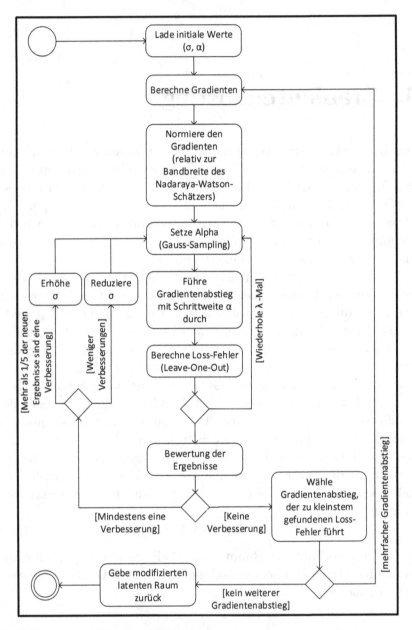

Abbildung 4.1.: Gradientenabstieg

$$\nabla L(f(\mathbf{X}), \mathbf{Y}) = \begin{pmatrix} \frac{\partial L(f(\mathbf{X}),\mathbf{Y})}{\partial x_{11}} & \frac{\partial L(f(\mathbf{X}),\mathbf{Y})}{\partial x_{12}} & \cdots & \frac{\partial L(f(\mathbf{X}),\mathbf{Y})}{\partial x_{1n}} \\ \frac{\partial L(f(\mathbf{X}),\mathbf{Y})}{\partial x_{21}} & \frac{\partial L(f(\mathbf{X}),\mathbf{Y})}{\partial x_{22}} & \cdots & \frac{\partial L(f(\mathbf{X}),\mathbf{Y})}{\partial x_{2n}} \\ \cdots & \cdots & \cdots & \cdots \\ \frac{\partial L(f(\mathbf{X}),\mathbf{Y})}{\partial x_{m1}} & \frac{\partial L(f(\mathbf{X}),\mathbf{Y})}{\partial x_{m2}} & \cdots & \frac{\partial L(f(\mathbf{X}),\mathbf{Y})}{\partial x_{mn}} \end{pmatrix} \quad (4.2)$$

Für die Bestimmung der Gradientenmatrix, siehe Formel 4.2, ist die partielle Ableitung:

$$\frac{\partial L(f(\mathbf{X}), \mathbf{Y})}{\partial x_{mn}} \quad (4.3)$$

gesucht. Um diese zu bestimmen, muss zunächst die Loss-Funktion abgeleitet werden. Für die Loss-Funktion gilt:

$$L(\mathbf{Y}, f(\mathbf{X})) = \sum_{i=1}^{N} \|\mathbf{y}_i - f(\mathbf{x}_i, \mathbf{X})\|_2^2 \quad (4.4)$$

Somit ergibt sich die partielle Ableitung zu:

$$\frac{\partial L(\mathbf{Y}, f(\mathbf{X}))}{\partial x_{mn}} = \sum_{i=1}^{N} \frac{\partial \|\mathbf{y}_i - f(\mathbf{x}_i, \mathbf{X})\|_2^2}{\partial x_{mn}} \quad (4.5)$$

Mit Hilfe der Kettenregel [16] ergibt sich:

$$\frac{\partial L(\mathbf{Y}, f(\mathbf{X}))}{\partial x_{mn}} = \sum_{i=1}^{N} \left\| 2 \cdot (\mathbf{y}_i - f(\mathbf{x}_i, \mathbf{X}))^1 \cdot - \left(\frac{\partial f(\mathbf{x}_i, \mathbf{X})}{\partial x_{mn}} \right) \right\|_2 \quad (4.6)$$

Der nächste Schritt ist die Ableitung des Nadaraya-Watson-Schätzers. Die Summenregel sagt aus, dass eine endliche Summe von Funktionen gliedweise differenziert wird. Daher kann die partielle Ableitung des Nadaraya-Watson-Schätzers wie folgt umgeformt werden:

$$\frac{\partial f(\mathbf{x}, \mathbf{X})}{\partial x_{mn}} = \frac{\partial}{\partial x_{mn}} \left(\sum_{i=1}^{N} \mathbf{y}_i \cdot \frac{\mathbf{K}_h(\mathbf{x} - \mathbf{x}_i)}{\sum_j \mathbf{K}_h(\mathbf{x} - \mathbf{x}_j)} \right)$$

$$= \sum_{i=1}^{N} \mathbf{y}_i \cdot \left(\frac{\partial}{\partial x_{mn}} \frac{\mathbf{K}_h(\mathbf{x} - \mathbf{x}_i)}{\sum_j \mathbf{K}_h(\mathbf{x} - \mathbf{x}_j)} \right) \quad (4.7)$$

Nach Verwendung der Quotientenregel ergibt sich:

$$\sum_{i=1}^{N} \mathbf{y}_i \cdot \left(\frac{\frac{\partial \mathbf{K}_h(\mathbf{x}-\mathbf{x}_i)}{\partial x_{mn}} \cdot \sum_{j=1}^{N} \mathbf{K}_h(\mathbf{x}-\mathbf{x}_j)}{\left(\sum_{j=1}^{N} \mathbf{K}_h(\mathbf{x}-\mathbf{x}_j)\right)^2} \right.$$

$$\left. - \frac{\mathbf{K}_h(\mathbf{x}-\mathbf{x}_i) \cdot \frac{\sum_{j=1}^{N} \partial \mathbf{K}_h(\mathbf{x}-\mathbf{x}_j)}{\partial x_{mn}}}{\left(\sum_{j=1}^{N} \mathbf{K}_h(\mathbf{x}-\mathbf{x}_j)\right)^2} \right) \qquad (4.8)$$

Kürzt man die Brüche und teilt die Subtrahenden in Vorfaktor und partielle Ableitung ein, so erhält man die aus [7] bekannte Formel:

$$\sum_{i=1}^{N} \mathbf{y}_i \cdot \left(\frac{1}{\sum_{j=1}^{N} \mathbf{K}_h(\mathbf{x}-\mathbf{x}_j)} \cdot \frac{\partial \mathbf{K}_h(\mathbf{x}-\mathbf{x}_i)}{\partial x_{mn}} \right.$$

$$\left. - \frac{\mathbf{K}(\mathbf{x}-\mathbf{x}_i)}{\left(\sum_{j=1}^{N} \mathbf{K}_h(\mathbf{x}-\mathbf{x}_j)\right)^2} \cdot \sum_{j=1}^{N} \frac{\partial \mathbf{K}_h(\mathbf{x}-\mathbf{x}_j)}{\partial x_{mn}} \right) \qquad (4.9)$$

In einem letzten Schritt wird die Kernel-Funktion abgeleitet. Die Kernel-Funktion liegt in folgender Form vor:

$$\mathbf{K}_h(\mathbf{x}_i - \mathbf{x}_j) = K_h(\|\mathbf{x}_i - \mathbf{x}_j\|_2^2) = \frac{1}{h} \cdot K\left(\frac{\|\mathbf{x}_i - \mathbf{x}_j\|_2^2}{h}\right) \qquad (4.10)$$

Leitet man die Funktion partiell nach x_{mn} ab, so bleibt der Vorfaktor $\frac{1}{h}$ erhalten und $K(\cdot)$ kann mit Hilfe der Kettenregel abgeleitet werden. Dabei lautet die äußere Ableitung:

$$K'\left(\frac{\|\mathbf{x}_i - \mathbf{x}_j\|_2^2}{h}\right) \qquad (4.11)$$

und die innere Ableitung $(x_{1i} - x_{1j})^2 + (x_{2i} - x_{2j})^2 + (x_{3i} - x_{3j})^2 + ...$, sodass sich ergibt:

$$\frac{\partial \mathbf{K}_h(\mathbf{x}_i - \mathbf{x}_j)}{\partial x_{mn}} = \frac{1}{h} \cdot K' \left(\frac{\|\mathbf{x}_i - \mathbf{x}_j\|_2^2}{h} \right) \qquad (4.12)$$

$$\cdot \frac{\partial((x_{1i} - x_{1j})^2 + (x_{2i} - x_{2j})^2 + (x_{3i} - x_{3j})^2 + ...)}{\partial x_{mn}}$$

Betrachtet man nun $x_{1i}, x_{1j}, x_{2i}, x_{2j}, x_{3i}, x_{3j}, ...$ so fällt auf, dass für die partielle Ableitung alle x konstant sind und sie somit bei der Ableitung wegfallen, außer der Index gleicht m. Das heißt, übrig bleibt nur noch $(x_{mi} - x_{mj})^2$. Leitet man dies partiell nach x_{mn} ab, so kommt wieder die Kettenregel zum Einsatz und es ergibt sich die äußere Ableitung $2 \cdot (x_{mi} - x_{mj})^1$. Die innere Ableitung ist abhängig von n. Gilt $n = i$, so ist $-x_{mj}$ konstant und x_{mi} wird zu 1 abgeleitet. Gilt $n = j$, so ist x_{mi} konstant und $-x_{mj}$ wird zu -1 abgeleitet. Gilt $n \neq i$ und $n \neq j$, dann sind sowohl x_{mi} als auch $-x_{mj}$ konstant und die Ableitung ergibt sich zu 0. Gilt $n = i = j$, dann sind weder x_{mi} noch $-x_{mj}$ konstant und die Ableitung ergibt sich zu $1 - 1$, also auch 0. Um nun die Formel ohne Fallunterscheidung abhängig von n aufzustellen, kann das Kronecker-Delta genutzt werden. Hierfür gilt:

$$\delta_{ij} = \begin{cases} 1 & \text{falls } i = j \\ 0 & \text{falls } i \neq j \end{cases} \qquad (4.13)$$

Im Fall $n = i$ wird eine 1 benötigt und im Fall $n = j$ eine -1, sodass sich $(\delta_{ni} - \delta_{nj})$ ergibt. Fügt man alles zusammen, so ergibt sich:

$$\frac{\partial \mathbf{K}_h(\mathbf{x}_i - \mathbf{x}_j)}{\partial x_{mn}} = \frac{2}{h} \cdot K' \left(\frac{\|\mathbf{x}_i - \mathbf{x}_j\|_2^2}{h} \right) (x_{mi} - x_{mj})(\delta_{ni} - \delta_{nj}) \quad (4.14)$$

Umgeformt handelt es sich dabei um die Formel aus [7].

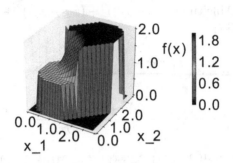

Abbildung 4.2.: Nadaraya-Watson-Schätzer (Beispiel)

Nimmt man das aus Abschnitt 2.4.5 bekannte Beispiel für den Nadaraya-Watson-Schätzer und nutzt als Kernel-Funktion anstatt des Epanechnikov-Kernels den differenzierbaren Quartic-Kernel, siehe Abschnitt 4.1, so erhält man Abbildung 4.2. Abbildung 4.3 zeigt den dazu passenden Gradienten. Dabei ist hinzuzufügen, dass für den undefinierten Bereich der Gradient $\nabla f(\cdot) = (-1, -1)^T$ gewählt wurde, da in der Darstellung im definierten Bereich keine negativen Werte im Gradienten vorkommen und somit eine Unterscheidung zwischen definiertem und undefiniertem Bereich problemlos möglich ist.

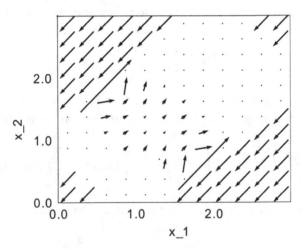

Abbildung 4.3.: Gradient zu Abbildung 4.2

4.1. Quartic-Kernel

Wie in Abschnitt 2.4.2 beschrieben, hat die Ableitung des Epanechnikov-Kernels zwei Unstetigkeitsstellen. Um einen Gradientenabstieg durchführen zu können, ist jedoch eine differenzierbare Kernel-Funktion nötig. Möchte man eine Kernel-Funktion erstellen, die wie der Epanechnikov-Kernel bei Funktionswerten größer 1 den Wert 0 zurückgibt, dabei jedoch keine Unstetigkeitsstellen in der Ableitung an den Funktionswerten -1 und 1 besitzt, ergeben sich folgende Forderungen: $f(1) = 0$, $f(-1) = 0$, $f'(1) = 0$, $f'(-1) = 0$. Dazu soll $f(0)$ einen positiven Wert liefern. Das heißt, es soll gelten: $f(0) = y_0$ mit $y_0 > 0$. Der Einfachheit halber wird $y_0 = 1$ gesetzt. Um fünf unabhängige Forderungen von einer Formel erfüllen zu lassen, sind fünf *Stellschrauben* nötig. Der einfachste Ansatz ist die Wahl eines Polynoms mit fünf Koeffizienten $f(x) = ax^4 + bx^3 + cx^2 + dx + e$ und der Ableitung $f'(x) = 4ax^3 + 3bx^2 + 2cx + d$. Mit den Forderungen folgt das Gleichungssystem:

$$a \cdot 1^4 + b \cdot 1^3 + c \cdot 1^2 + d \cdot 1 + e = 0$$
$$a \cdot (-1)^4 + b \cdot (-1)^3 + c \cdot (-1)^2 + d \cdot (-1) + e = 0$$
$$4a \cdot 1^3 + 3b \cdot 1^2 + 2c \cdot 1 + d = 0$$
$$4a \cdot (-1)^3 + 3b \cdot (-1)^2 + 2c \cdot (-1) + d = 0$$
$$a \cdot 0^4 + b \cdot 0^3 + c \cdot 0^2 + d \cdot 0 + e = 1$$

Das Gleichungssystem lässt sich mit den Werten $a = 1$, $b = 0$, $c = -2$, $d = 0$, $e = 1$ lösen. Somit ergibt sich die Funktion f zu $f(x) = x^4 - 2x^2 + 1$. Diese Funktion ist symmetrisch zur y-Achse, was daran zu erkennen ist, dass alle Koeffizienten, die Faktoren für x mit ungeradem Exponenten sind, den Wert 0 haben. Die Fläche unter dem Polynom ist $\frac{16}{15}$, wenn man den genutzten Bereich betrachtet: $\int_{-1}^{1} f(x)dx = \frac{16}{15}$. Damit die Fläche die Größe 1 besitzt, wird die Funktion einfach mit dem Faktor $\frac{15}{16}$ skaliert. Insgesamt lautet die Kernel-Funktion:

$$K_{\text{Quartic}}(x) = \begin{cases} \frac{15}{16} \cdot \left(x^4 - 2x^2 + 1\right) & \text{falls } |x| \leq 1 \\ 0 & \text{falls } |x| > 1 \end{cases} \qquad (4.15)$$

Es handelt sich hierbei um den bekannten Quartic-Kernel [24], der sich wie gezeigt aus Forderungen basierend auf dem Epanechnikov-Kernel und mit einem Polynom entwickeln lässt. Nach diesem Prinzip sind auch komplexere Kernel-Funktionen denkbar. So könnte mit einem Polynom 6. Grades die Eigenschaft des Gauss-Kernels, dass die Funktion zwischen konkavem und konvexem Verhalten wechselt, in die Kernel-Funktion eingebaut werden. Hierfür wäre eine Wendestelle x_{ws} gefordert, für die gilt: $f''(x_{ws}) = 0$ (notwendiges Kriterium) und $f'''(x_{ws}) \neq 0$ (hinreichendes Kriterium). Die zusätzlichen Forderungen würden hierbei lauten: $f''(x_{ws}) = 0$ und $f''(-x_{ws}) = 0$ mit $0 < x_{ws} < 1$. Damit wäre das notwendige Kriterium erfüllt. Das hinreichende Kriterium müsste im Nachhinein kontrolliert oder bei Bedarf mit einem Polynom 8. Grades eingebaut werden. Ein Beispiel, das die Ableitung des Quartic-Kernels visualisiert, ist in Anhang A.3 zu finden.

4.2. Zufälliger initialer latenter Raum

Zunächst soll ein zufälliger latenter Raum dazu genutzt werden, um einen Gradientenabstieg durchzuführen. Mit jedem Gradientenabstieg wird eine neue Gradientenmatrix $\nabla L(f(\mathbf{X}), \mathbf{Y})$ berechnet und mit der evolutionär bestimmten Schrittweite α der Gradientenabstieg ausgeführt. Dieser Vorgang kann wiederholt werden und wird den Loss-Fehler weiter minimieren, bis ein lokales oder das globale Minimum erreicht ist. Wenn ein lokales Minimum erreicht ist, kann es passieren, dass dieses nicht verlassen werden kann. Hierfür gibt es zwei Gründe: Entweder existiert aufgrund der Struktur der Gradientenmatrix kein α, das zu einer Verbesserung führt, oder das hier verwendete Verfahren zur Bestimmung von α konnte ein mögliches α, welches zur Verbesserung führt, nicht finden.

Abbildung 4.4 stellt einen zufälligen latenten Raum dar. Abbildung 4.5 zeigt den Raum nach mehrfacher Anwendung des Gradientenabstiegs bis keine Verbesserung mehr erreicht werden konnte. Es ist zu sehen, dass sich die Muster mit gleichem Label zwar zu Clustern formiert haben, jedoch nicht nur in ein Cluster, sondern in

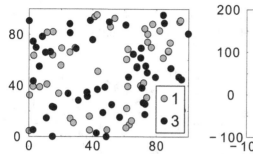 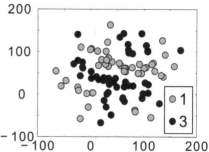

Abbildung 4.4.: Zufälliger latenter Raum vor Gradientenabstieg

Abbildung 4.5.: Zufälliger latenter Raum nach Gradientenabstieg

mehrere. Da die Cluster ineinander verschachtelt platziert sind, ist es dem Verfahren nicht möglich, sie zu verschmelzen. Aus Sicht der Muster mit dem Label 1 sind die Muster mit dem Label 3 praktisch eine Art Grenze, die verhindert, dass sich die Muster mit dem Label 1 zusammenfinden können.

Entsprechend fallen die Testergebnisse des Loss-Fehlers aus. Bei Nutzung des vorgestellten Testszenarios ergibt sich ein Loss-Fehler von 2103 ± 105. Zu Beginn hat der zufällig initialisierte latente Raum einen Loss-Fehler von über 3000. Der Loss-Fehler nach Ausführen des Gradientenabstiegs ist schlechter als die Ergebnisse aus Abschnitt 3.4.2, trotzdem zeigt das Verfahren des Gradientenabstiegs, dass es in der Lage ist, den Loss-Fehler zu verbessern.

Der zufällig initialisierte latente Raum aus Abbildung 4.4 ist von seiner Ausdehnung dem finalen latenten Raum recht nahe. Der latente Raum soll im nächsten Versuch in quasi einen Punkt zusammengeschrumpft werden, wie in Abbildung 4.6 zu sehen ist, sodass der latente Raum in seiner Ausdehnung vom Gradientenabstieg erzeugt wird. Da der Gradientenabstieg mit partiellen Ableitungen und somit indirekt auch mit Differenzen:

$$f'(x) = \lim_{x \to x_0} \frac{f(x) - f(x_0)}{x - x_0} \qquad (4.16)$$

arbeitet, wurde der latente Raum nur quasi in einem Punkt initialisiert.
Abbildung 4.7 stellt den latenten Raum unter Verwendung eines großen
Zoomfaktors dar.

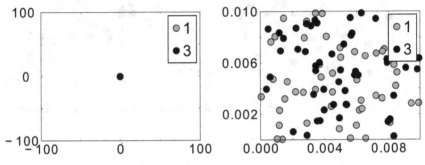

Abbildung 4.6.: Latenter Raum   **Abbildung 4.7.:** Latenter Raum
in quasi einem   in quasi einem
Punkt   Punkt (Zoom)

Abbildung 4.8 zeigt ein Ergebnis eines mehrfachen Gradientenabstiegs bei einem initialen latenten Raum in quasi einem Punkt. Schon
auf den ersten Blick ist zu erkennen, dass das Ergebnis besser als in
Abbildung 4.5 ist. Und auch die Testergebnisse ergeben mit einem
Loss-Fehler von 1749 ± 106 eine deutliche Verbesserung.

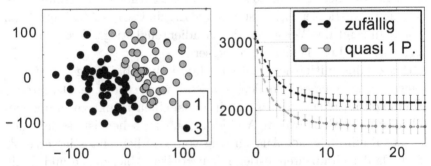

Abbildung 4.8.: Latenter Raum   **Abbildung 4.9.:** Vergleich der
(in quasi einem   Entwicklung des
Punkt) nach   Loss-Fehlers
Gradientenabstieg

Abbildung 4.9 verdeutlicht die Entwicklung des Loss-Fehlers. Auf der y-Achse ist der Loss-Fehler dargestellt, dabei ist die Skalierung der y-Achse zu beachten. Die Anzahl der Gradientenabstiege zeigt die x-Achse. Dunkel dargestellt ist die Methode mit einem initialen zufälligen latenten Raum und hell die Methode mit einem initialen Raum in quasi einem Punkt. Die Abbildung zeigt, dass die Initialisierung in quasi einem Punkt bessere Ergebnisse erzielt, jedoch sind die Ergebnisse schlechter als die Ergebnisse aus Abschnitt 3.4.2.

4.3. Evolutionärer Algorithmus mit Gradientenabstieg

Im Folgenden sollen mit dem evolutionären Algorithmus (evoUKR) erzeugte latente Räume mit Hilfe des Gradientenabstiegverfahrens optimiert werden. Es wurde das vorgestellte Testszenario gewählt und zur Bewertung des Loss-Fehlers genutzt.

Abbildung 4.10 visualisiert die Entwicklung des Loss-Fehlers. Helle, horizontale Pfeile symbolisieren die Einbettung von 25 Mustern durch evoUKR. Dunkle, vertikale Pfeile stehen für einen mehrfachen Gradientenabstieg, bis dieser zu keiner Verbesserung mehr führt. Aus Abbildung 4.10 können mehrere Erkenntnisse gewonnen werden.

Soll nur an einer Stelle ein Gradientenabstieg durchgeführt werden, ist es am besten, diesen nach Einbettung aller Muster durchzuführen. Bettet man beispielsweise 100 Muster ein und optimiert erst am Ende, so erhält man einen Loss-Fehler von 1540 ± 16. Führt man hingegen alle 25 Muster einen Gradientenabstieg durch und unterlässt den finalen Gradientenabstieg, so fällt das Ergebnis mit 1584 ± 16 schlechter aus. Das Gleiche gilt für 75 Muster, wo ein Loss-Fehler von 1105 ± 10 besser als 1164 ± 14 ist.

Betrachtet man die Ergebnisse nach dem Gradientenabstieg bei 50 Mustern, so fällt auf, dass es keinen Unterschied macht, ob bei 25 Mustern ein Gradientenabstieg durchgeführt wurde oder nicht – 758 ± 7 gegenüber 761 ± 6. Auch bei 75 Mustern ist kein signifikanter Unterschied zwischen 1105 ± 10 und 1100 ± 11 zu erkennen,

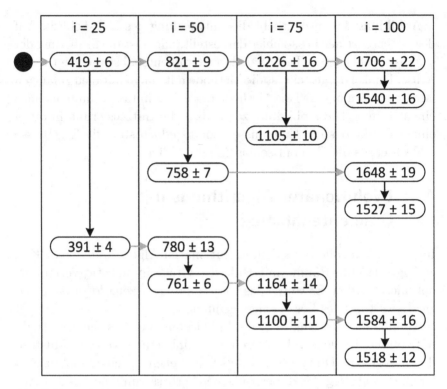

Abbildung 4.10.: Entwicklung des Loss-Fehlers

obwohl durch die Gradientenabstiege der latente Raum nach 25 und 50 Mustern verbessert wurde und sich der Loss-Fehler bei beiden Optimierungen verbessert hat.

Betrachtet man das Ergebnis nach 100 Mustern, dann ist zu sehen, dass es im Gegensatz zu den Ergebnissen nach 50 und 75 Mustern einen Unterschied macht, ob schon an früherer Position ein Gradientenabstieg durchgeführt wurde. Die Ergebnisse liegen recht nahe beieinander, jedoch kann gesagt werden, dass das Ergebnis bei Gradientenabstiegen nach Einbettung von 25, 50, 75 und 100 Mustern mit 1518 ± 12 besser ist als nur bei einem Gradientenabstieg nach 100 Mustern mit einem Loss-Fehler von 1540 ± 16.

4.4. Anzahl der Positionen für einen Gradientenabstieg

Aus Gründen der Rechenkosten kann man sich die Frage stellen, ob es Sinn macht, besser an vielen Positionen mit wenigen Wiederholungen einen Gradientenabstieg durchzuführen oder an wenigen Positionen mit vielen Wiederholungen. Eine Wiederholung steht dabei für die Berechnung der Gradientenmatrix, der evolutionären Schrittweitenbestimmung und der Ausführung des Gradientenabstiegs. Bei zwei oder mehr Wiederholungen wird also nach Durchführung des Gradientenabstiegs eine neue Gradientenmatrix berechnet.

Tabelle 4.1.: Variabel viele Positionen und Wiederholungen

Gradientenabstieg bei i =	Anzahl der Durchführungen	Loss-Fehler
$5, 10, 15, \cdots, 95, 100$	1	1540 ± 17
$10, 20, 30, \cdots, 90, 100$	2	1537 ± 16
$20, 40, 60, 80, 100$	3	1545 ± 20
$25, 50, 75, 100$	4	1539 ± 15
$33, 66, 100$	5	1546 ± 17
$50, 100$	7	1547 ± 13
100	10	1553 ± 12

Tabelle 4.1 zeigt die Ergebnisse des Vergleichs zwischen vielen Positionen und vielen Wiederholungen des Gradientenabstiegs. In der ersten Spalte werden die Positionen gezeigt, an denen Gradientenabstiege durchgeführt wurden, in der zweiten Spalte, wie oft er ausgeführt wurde und in der dritten Spalte ist das Ergebnis des Loss-Fehlers zu sehen. Zunächst sei darauf hingewiesen, dass die Unterschiede zu den Ergebnissen in Abbildung 4.10 bei gleichen Positionen für den Gradientenabstieg als Ursache die unterschiedliche Anzahl an Wiederholungen haben. In Abbildung 4.10 wurde der Gradientenabstieg wiederholt, bis keine Verbesserung mehr eintrat, was bis zu 20 Wiederholungen

entspricht. Die Anzahl der Wiederholungen in Tabelle 4.1 wurde so gesetzt, dass ungefähr gleich hohe Rechenkosten entstehen, wobei zu beachten ist, dass ein Gradientenabstieg mit 25 Mustern weniger Rechenkosten verursacht als ein Gradientenabstieg mit 100 Mustern.

Die Ergebnisse aus Tabelle 4.1 zeigen, dass es zu Verbesserungen führt, wenn der Gradientenabstieg auf mehrere Positionen verteilt wird. So führt ein Gradientenabstieg alle 10 Muster mit 2 Durchführungen zu einem Loss-Fehler von 1537 ± 16, während ein Gradientenabstieg am Ende mit 10 Wiederholungen zu einem Loss-Fehler von 1553 ± 12 führt. Auf wie viele Positionen der Gradientenabstieg verteilt werden sollte, kann nicht gesagt werden, da die Ergebnisse nahe zusammenliegen. Somit kann beispielsweise kein signifikanter Unterschied zwischen Gradientenabstiegen alle 5 Muster mit 1 Durchführung oder Gradientenabstiegen alle 20 Muster mit 3 Durchführungen festgestellt werden.

4.5. Vergleich mit anderen Methoden

Erzeugt man mit ISOMAP und LLE unter Verwendung der Standardeinstellung von *sklearn* und dem vorgestellten Testszenario einen latenten Raum, so kann auch dieser als initialer latenter Raum für einen Gradientenabstieg genutzt werden. Unter Verwendung des Nadaraya-Watson-Schätzers und dem Quartic-Kernel mit einer Bandbreite von $h = 35$ wurde der Gradientenabstieg mit einem durch ISOMAP beziehungsweise LLE erzeugten initialen latenten Raum durchgeführt. Dabei ist darauf hinzuweisen, dass sowohl ISOMAP als auch LLE deterministisch sind und auch die Gradientenmatrix deterministisch ist, jedoch durch die evolutionäre Schrittweitenregelung eine nicht deterministische Komponente hinzukommt, die dazu führt, dass die Ergebnisse eine Standardabweichung haben.

Tabelle 4.2 zeigt die Ergebnisse nach dem Gradientenabstieg bei verschiedenen vorliegenden initialen latenten Räumen. Eindeutig die besten Ergebnisse wurden bei Verwendung von ISOMAP und evoUKR erzielt. Verwendet man den student's t-test für eine Einschätzung, ob

Tabelle 4.2.: Vergleich verschiedener initialer latenter Räume

Initialer latenter Raum	Loss-Fehler
Zufällig	2103 ± 105
Quasi ein Punkt	1749 ± 106
evoUKR	1540 ± 16
ISOMAP	1556 ± 7
LLE	1655 ± 61

die Ergebnisse von ISOMAP und evoUKR signifikant unterschiedlich sind, so erhält man:

$$t = \frac{1556 - 1540}{\sqrt{\frac{7^2}{25} + \frac{16^2}{25}}} \approx 4{,}58 \qquad (4.17)$$

Bei 25 Messwerten ergibt dies eine *p-value* [6] von unter 0,001, danach wären die Ergebnisse signifikant unterschiedlich, wobei der student's t-test für Gauss verteilte Daten gemacht ist, was bei den gegebenen Datensätzen noch zu überprüfen wäre. Da aber im Normalfall eine p-value von unter 0,05 als signifikant unterschiedlich angesehen wird, kann in diesem Fall das Ergebnis von evoUKR als eindeutig bestes genannt werden.

4.6. Ergebnisse

Bei den Tests mit dem Gradientenabstieg und dem evolutionären Verfahren ergaben sich folgende Erkenntnisse:

- Soll nur an einer Position ein Gradientenabstieg durchgeführt werden, ist es am besten, diesen nach Einbettung aller Muster durchzuführen.

- Es kann Gradientenabstiege geben, die den Loss-Fehler zwar optimieren, bei Betrachtung des Gesamtergebnisses jedoch keinen positiven Einfluss haben.

- Gradientenabstiege an mehreren Positionen können zu Verbesserungen führen.

- Möchte man das beste Ergebnis bei konstanten Rechenkosten erzielen, so sollte der Gradientenabstieg auf mehrere Positionen verteilt werden.

Vergleicht man die Ergebnisse verschiedener initialer latenter Räume, so erhält man die besten Ergebnisse bei Verwendung von evoUKR, was zusätzlich die Möglichkeit bietet, das Ergebnis durch Gradientenabstiege während der Einbettungsphase weiter zu verbessern.

5. Variable Kernel-Funktion

Um die Möglichkeiten der evolutionären Steuerung für das iterative Verfahren weiter auszunutzen, soll eine variable Kernel-Funktion entstehen, deren Parameter über die evolutionäre Steuerung bestimmt werden können. Die Idee ist, dass die evolutionäre Steuerung das Ergebnis des Loss-Fehlers mit und ohne Gradientenabstieg, aber auch bestimmte Teile der Co-Ranking-Matrix optimieren kann und durch eine variable Kernel-Funktion zusätzliche Freiheitsgrade erhält, um das Ergebnis zu verbessern.

5.1. Kernel-Baukasten

Es ist denkbar, beliebige Funktionen miteinander zu verbinden und so eine neue, speziell an die Anforderungen angepasste Kernel-Funktion zu erstellen, auch wenn in vielen Fällen nicht einfach gesagt werden kann, welche Art von Kernel-Funktion für die gegebene Problemstellung die besten Ergebnisse liefert. Möglich ist auch eine variable Kernel-Funktion, die sich durch ein Optimierungsverfahren an das Problem anpasst.

Inspiriert von der Herleitung des Quartic-Kernels aus Abschnitt 4.1 kann eine Kernel-Funktion theoretisch aus beliebig vielen Teilfunktionen bestehen. Liegen die Funktionen f_1 und f_2 vor und diese sollen an der Stelle x zusammengesetzt werden, so darf an der Stelle x keine Unstetigkeitsstelle in der Funktion oder in ihrer Ableitung entstehen. Diese Forderungen können als eine Art Kernel-Baukasten-Regeln angesehen werden und lauten ausformuliert:

$$f_1(x) = f_2(x) \text{ und } f_1'(x) = f_2'(x) \tag{5.1}$$

Ein einfaches Beispiel für eine Kernel-Funktion aus dem *Baukasten* ist in Anhang A.4 zu finden, da im Folgenden der Fokus auf die variable Kernel-Funktion gelegt wird.

5.2. Variable Kernel-Funktion aus dem Baukasten

Mit Hilfe des Kernel-Baukastens soll eine variable Kernel-Funktion für den Nadaraya-Watson-Schätzer entstehen. Bei der Herleitung wird der Bereich $x > 0$ betrachtet und im späteren wird die Kernel-Funktion über ihre Symmetrieeigenschaft verallgemeinert. Die neue Funktion soll die folgenden Punkte erfüllen:

- Nahe und sehr nahe Muster sollen gleich gewertet werden, damit ein sehr nahes Muster nicht zu viel Einfluss auf das Endergebnis bekommt.
  $\rightarrow$ Realisierungsidee: $f(x) = 1$.

- Ab einem Grenzwert sollen die Muster *langsam* immer weniger gewertet werden.
  $\rightarrow$ Realisierungsidee: $f(x) = -x^2$.

- Danach soll ein Bereich folgen, in dem die Muster mit steigendem Abstand immer weniger Einfluss haben.
  $\rightarrow$ Realisierungsidee: $f(x) = -m \cdot x$ mit $m > 0$.

- Die vorletzte Funktion soll den Übergang zu $f(x) = 0$ schaffen.
  $\rightarrow$ Realisierungsidee: $f(x) = x^2$.

Damit die Kernel-Baukasten-Regeln erfüllt werden, müssen die Funktionen passend verschoben werden. Zusätzlich muss die von der Kernel-Funktion eingeschlossene Fläche den Wert 1 betragen, was durch einen Skalierungsfaktor α sichergestellt werden soll. Somit entsteht die folgende Struktur für den neuen Kernel:

$$K_{\text{vBk}}(x) = \alpha \cdot \begin{cases} f_1^0(x) & \text{falls } x \leq x_{gw1} \\ f_2^0(x) & \text{falls } x > x_{gw1} \text{ und } x \leq x_{gw2} \\ f_3^0(x) & \text{falls } x > x_{gw2} \text{ und } x \leq x_{gw3} \\ f_4^0(x) & \text{falls } x > x_{gw3} \text{ und } x \leq x_{gw4} \\ f_5^0(x) & \text{falls } x > x_{gw4} \end{cases} \qquad (5.2)$$

mit

$$f_1^0(x) = 1$$
$$f_2^0(x) = -(x - a_2)^2 + b_2$$
$$f_3^0(x) = -m \cdot x + b_3$$
$$f_4^0(x) = (x - a_4)^2 + b_4$$
$$f_5^0(x) = 0$$

Es gibt mit den vier Grenzwerten, fünf Verschiebungsvariablen, m und α insgesamt elf Unbekannte. In diesem Fall soll ein variabler Kernel entstehen. Variabel sollen dabei die Steigung m und die Größe des Bereichs für konstanten Einfluss sein – gesteuert über x_{gw1}. Die anderen Unbekannten werden Schritt für Schritt *von innen nach außen* bestimmt.

Der erste Kontaktpunkt liegt an der Position x_{gw1} und ist variabel. Die Funktion f_1 kann direkt übernommen werden. Es gilt:

$$f_1(x_{gw1}) = 1 \text{ und } f_1'(x_{gw1}) = 0$$

Somit muss auch gelten:

$$f_2(x_{gw1}) = 1 \text{ und } f_2'(x_{gw1}) = 0$$

Zu realisieren ist dies durch eine Verschiebung der umgedrehten Parabel:

$$f_2(x) = -(x - x_{gw1})^2 + 1$$

Die Position des zweiten Kontaktpunkts hängt von der Steigung der Funktion f_3 und x_{gw1} ab. Für die Steigung gilt $f_3'(x_{gw2}) = -m$ und somit:

$$f_2'(x_{gw2}) = -2 \cdot (x_{gw2} - x_{gw1})^1 = -m$$

Also ist:

$$x_{gw2} = \frac{m}{2} + x_{gw1}$$

Damit an der Stelle x_{gw2} die erste Kernel-Baukasten-Regel erfüllt wird, ergibt sich:

$$f_2\left(\frac{m}{2} + x_{gw1}\right) = -\left(\frac{m}{2} + x_{gw1} - x_{gw1}\right)^2 + 1 = -\left(\frac{m}{2}\right)^2 + 1$$

$$= f_3\left(\frac{m}{2} + x_{gw1}\right) = -m \cdot \left(\frac{m}{2} + x_{gw1}\right) + b_3$$

Und somit:

$$b_3 = -\left(\frac{m}{2}\right)^2 + 1 + m \cdot \left(\frac{m}{2} + x_{gw1}\right) = \frac{m^2}{4} + x_{gw1} \cdot m + 1$$

Die Funktion f_3 lautet also:

$$f_3(x) = -m \cdot x + \frac{m^2}{4} + x_{gw1} \cdot m + 1 = -m \cdot (x - x_{gw1}) + \frac{m^2}{4} + 1$$

Der nächste Schritt ist die Bestimmung von x_{gw3}. Betrachtet man nur die Funktionen f_3 und f_4, so gibt es unendlich viele Möglichkeiten für eine Position von x_{gw3}. Fixiert wird x_{gw3} durch die zusätzliche Betrachtung von f_5, wodurch b_4 bestimmt werden kann:

$$f_4'(x_{gw4}) = 2 \cdot (x_{gw4} - a_4)^1 = f_5'(x_{gw4}) = 0$$

Woraus folgt, dass $x_{gw4} = a_4$ ist. Aus:

$$f_4(x_{gw4}) = (x_{gw4} - a_4)^2 + b_4 = f_5(x_{gw4}) = 0$$

mit $x_{gw4} = a_4$ folgt $b_4 = 0$. Mit dieser Erkenntnis kann x_{gw3} bestimmt werden, wobei zunächst der Zusammenhang zwischen x_{gw3} und a_4 bestimmt wird:

$$f_3'(x_{gw3}) = -m = f_4'(x_{gw3}) = 2 \cdot (x_{gw3} - a_4)^1$$

Führt zu:

$$x_{gw3} = -\frac{m}{2} + a_4$$

Das Ergebnis für x_{gw3} kann in die erste Kernel-Baukasten-Regel für den Kontaktpunkt eingesetzt werden:

$$f_3(x_{gw3}) = -m \cdot (x_{gw3} - x_{gw1}) + \frac{m^2}{4} + 1$$
$$= f_4(x_{gw3}) = (x_{gw3} - a_4)^2$$

Wodurch sich ergibt:

$$-m \cdot \left(-\frac{m}{2} + a_4 - x_{gw1}\right) + \frac{m^2}{4} + 1 = \left(-\frac{m}{2}\right)^2$$

Also:

$$a_4 = \frac{\left(-\frac{m}{2}\right)^2 - \frac{m^2}{4} - 1}{-m} + \frac{m}{2} + x_{gw1} = \frac{1}{m} + \frac{m}{2} + x_{gw1}.$$

Dies ist auch der Wert für x_{gw4}. Und über:

$$x_{gw3} = -\frac{m}{2} + a_4$$

Kommt man auf:

$$x_{gw3} = -\frac{m}{2} + \frac{1}{m} + \frac{m}{2} + x_{gw1} = \frac{1}{m} + x_{gw1}$$

Formel 5.3 zeigt das Ergebnis für die variable Kernel-Funktion aus dem Baukasten. Durch das Ersetzen von x durch $|x|$ wurde die Symmetrieeigenschaft der Kernel-Funktion genutzt:

$$K_{vBk}(x, x_{gw1}, m) = \alpha \cdot \begin{cases} f_1(x) & \text{falls } |x| \leq \xi_1 \\ f_2(x) & \text{falls } |x| > \xi_1 \text{ und } |x| \leq \xi_2 \\ f_3(x) & \text{falls } |x| > \xi_2 \text{ und } |x| \leq \xi_3 \quad (5.3) \\ f_4(x) & \text{falls } |x| > \xi_3 \text{ und } |x| \leq \xi_4 \\ f_5(x) & \text{falls } |x| > \xi_4 \end{cases}$$

mit:

$$f_1(x) = 1$$

$$f_2(x) = -\left(|x| - x_{gw1}\right)^2 + 1$$

$$f_3(x) = -m \cdot \left(|x| - x_{gw1}\right) + \frac{m^2}{4} + 1$$

$$f_4(x) = \left(|x| - \left(\frac{1}{m} + \frac{m}{2} + x_{gw1}\right)\right)^2$$

$$f_5(x) = 0$$

und:

$$\xi_1 = x_{gw1}$$

$$\xi_2 = \frac{m}{2} + x_{gw1}$$

$$\xi_3 = \frac{1}{m} + x_{gw1}$$

$$\xi_4 = \frac{1}{m} + \frac{m}{2} + x_{gw1}.$$

Bei Betrachtung der Grenzwerte fällt auf, dass die Funktion nicht eindeutig definiert ist, wenn gilt:

$$\frac{m}{2} + x_{gw1} > \frac{1}{m} + x_{gw1}$$

Das heißt, für m muss gelten: $m \leq \sqrt{2}$. Auch muss zutreffen:

$$\frac{1}{m} + \frac{m}{2} + x_{gw1} \geq x_{gw1}$$

Sodass $m \geq 0$ gelten muss, wobei auch $m = 0$ wegen einer sonst vorhandenen Division durch den Wert 0 ausgeschlossen werden muss. Somit gilt für m:

$$0 < m \leq \sqrt{2} \tag{5.4}$$

Der Grenzwert x_{gw1} kann beliebig groß gewählt werden, muss jedoch größer gleich 0 sein:

$$0 \leq x_{gw1} \tag{5.5}$$

Um α zu bestimmen, wird die Fläche unter der Funktion berechnet und davon der Kehrwert gebildet. Um die Berechnung zu vereinfachen, wird die Symmetrieeigenschaft der Kernel-Funktion genutzt, nur die positive Fläche ermittelt und verdoppelt. Das heißt $\alpha = \frac{1}{2 \cdot A}$ mit $A = A1 + A2 + A3 + A4$ mit:

$$A1 = \int_0^{x_{gw1}} 1 \, dx$$

$$A2 = \int_{x_{gw1}}^{\frac{m}{2}+x_{gw1}} -(x - x_{gw1})^2 + 1 \, dx$$

$$= \int_0^{\frac{m}{2}} -x^2 + 1 \, dx$$

$$A3 = \int_{\frac{m}{2}+x_{gw1}}^{\frac{1}{m}+x_{gw1}} -m \cdot (x - x_{gw1}) + \frac{m^2}{4} + 1 \, dx$$

$$= \int_{\frac{m}{2}}^{\frac{1}{m}} -m \cdot x + \frac{m^2}{4} + 1 \, dx$$

$$A4 = \int_{\frac{1}{m}+x_{gw1}}^{\frac{1}{m}+\frac{m}{2}+x_{gw1}} \left(x - \left(\frac{1}{m} + \frac{m}{2} + x_{gw1} \right) \right)^2 dx$$

$$= \int_0^{\frac{m}{2}} \left(x - \frac{m}{2} \right)^2 dx$$

Mit Hilfe der Stammfunktionen können die Flächen berechnet werden:

$$A1 = [x]_0^{x_{gw1}}$$

$$= x_{gw1} - 0 = x_{gw1}$$

$$A2 = \left[-\frac{1}{3} \cdot x^3 + x \right]_0^{\frac{m}{2}}$$

$$= -\frac{1}{3} \cdot \left(\frac{m}{2} \right)^3 + \frac{m}{2} - 0 = -\frac{m^3}{24} + \frac{m}{2}$$

$$A3 = \left[-\frac{m}{2} \cdot x^2 + x \cdot \left(\frac{m^2}{4} + 1\right)\right]_{\frac{m}{2}}^{\frac{1}{m}}$$

$$= \left(-\frac{1}{2m} + \frac{m}{4} + \frac{1}{m}\right) - \left(-\frac{m^3}{8} + \frac{m^3}{8} + \frac{m}{2}\right)$$

$$A4 = \left[\frac{1}{3}\left(x - \frac{m}{2}\right)^3\right]_0^{\frac{m}{2}}$$

$$= 0 - \frac{1}{3} \cdot \left(-\frac{m}{2}\right)^3 = \frac{m^3}{24}$$

Bei Betrachtung der Flächen fällt auf, dass sich die Flächen A2, A4 und der Subtrahend von A3 gegenseitig aufheben. Somit ergibt sich:

$$A = x_{gw1} + \left(-\frac{1}{2m} + \frac{m}{4} + \frac{1}{m}\right) = \frac{4 \cdot m \cdot x_{gw1} + m^2 + 2}{4m}$$

Und daraus folgt:

$$\alpha = \frac{2m}{4 \cdot m \cdot x_{gw1} + m^2 + 2} \tag{5.6}$$

Abbildung 5.1 zeigt eine Realisierung der variablen Kernel-Funktion.

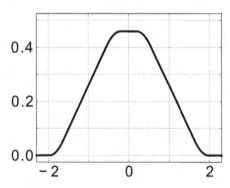

Abbildung 5.1.: Funktion $K_{vBk}(x, 0, 2, 0, 7)$

Um die Variationsmöglichkeiten der Kernel-Funktion zu verdeutlichen, zeigen die Abbildungen 5.2 und 5.3 beispielhaft weitere Realisierungen der variablen Kernel-Funktion.

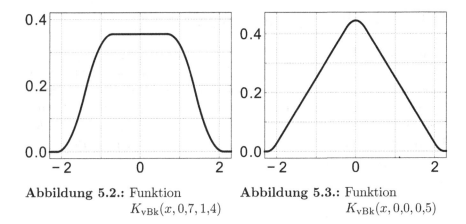

Abbildung 5.2.: Funktion $K_{vBk}(x, 0,7, 1,4)$

Abbildung 5.3.: Funktion $K_{vBk}(x, 0,0, 0,5)$

Vergleicht man unter Verwendung des vorgestellten Testszenarios und evoUKR die Ergebnisse des variablen Kernels mit denen des Quartic-Kernels, so erhält man Tabelle 5.1.

Tabelle 5.1.: Vergleich variabler Kernel mit Quartic-Kernel

Kernel-Funktion	Gradientenabstieg bei $n =$	Loss-Fehler
Quartic-Kernel	keiner	1706 ± 22
Variabler Kernel	keiner	1712 ± 26
Quartic-Kernel	100	1540 ± 16
Variabler Kernel	100	1535 ± 16
Quartic-Kernel	$25, 50, 75, 100$	1518 ± 12
Variabler Kernel	$25, 50, 75, 100$	1515 ± 15

Betrachtet man die Ergebnisse aus Tabelle 5.1, so sind keine Verbesserungen durch Einsatz der variablen Kernel-Funktion gegenüber dem Quartic-Kernel zu erkennen.

5.3. Optimierung von $Q_{NX}(K)$

In diesem Abschnitt soll angedeutet werden, dass es mit den gegebenen Strukturen aus variabler Kernel-Funktion und evolutionärer Steuerung möglich ist, einen latenten Raum nicht nur für das Bewertungskriterium Loss-Fehler zu optimieren, sondern auch für die Erhaltung einer bestimmen Nachbarschaftsgröße über die Optimierung von $Q_{NX}(K)$. Da der Gradientenabstieg den Loss-Fehler optimiert, findet er in diesem Abschnitt keine Verwendung.

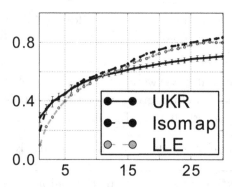

Abbildung 5.4.: Optimierung von $Q_{NX}(1)$

Die Abbildungen 5.4, 5.5 und 5.6 zeigen $Q_{NX}(K)$ in Abhängigkeit von K für die Verfahren ISOMAP, LLE und evoUKR, was für verschiedene K optimiert wurde. Vergleicht man die Abbildungen untereinander oder mit Abbildung 3.12, die den Verlauf mit Optimierung des Loss-Fehlers zeigt, so ist zu sehen, dass der Wert für $Q_{NX}(K)$ von evoUKR für das optimierte K verbessert werden konnte. Für $K = 1$ und $K = 7$ sind die Ergebnisse des evoUKR besser als bei ISOMAP und LLE und für $K = 20$, wo evoUKR in den bisherigen Tests deutlich schlechtere Ergebnisse als ISOMAP und LLE erzielte, konnte durch die Optimierung die Lücke zu ISOMAP und LLE verkleinert werden.

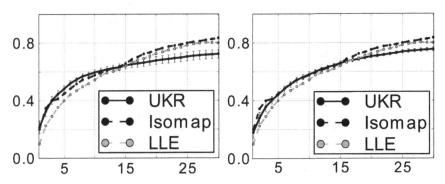

Abbildung 5.5.: Optimierung von $Q_{NX}(7)$

Abbildung 5.6.: Optimierung von $Q_{NX}(20)$

Abbildung 5.7 zeigt beispielhaft drei Realisierungen der variablen Kernel-Funktion. Die Fläche unter der Kernel-Funktion ist dabei nicht 1, da auch die Bandbreite dargestellt wird und die Fläche unter der Kernel-Funktion somit gleich h ist. Tabelle 5.2 stellt die Parameter der Kernel-Funktionen dar und gibt an, welche Funktionsausprägung für welche Optimierung steht.

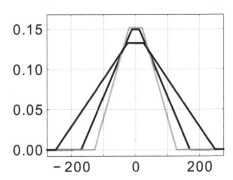

Abbildung 5.7.: Drei Realisierungen der Kernel-Funktion

Tabelle 5.2.: Realisierungen der variablen Kernel-Funktion

Farbe	Optimiert	h	x_{gw1}	m
Schwarz	$K = 1$	27,1	0,376	0,171
Hell grau	$K = 7$	22,5	0,850	0,209
Dunkel grau	$K = 20$	36,2	0,648	0,162

5.4. Ergebnisse

Durch Verwendung der Kernel-Baukasten-Regeln können beliebige Kernel-Funktionen erstellt werden. In diesem Abschnitt ist eine variable Kernel-Funktion entstanden, die sich mit Hilfe der evolutionären Steuerung an ein gegebenes Problem anpassen kann. Jedoch konnte die variable Kernel-Funktion in dem gegebenen Testszenario keine Verbesserungen der Ergebnisse des Loss-Fehlers gegenüber Verwendung des Quartic-Kernels erzielen. Durch Verwendung der evolutionären Steuerung und der variablen Kernel-Funktion konnten latente Räume erzeugt werden, die für eine bestimmte Nachbarschaftsgröße besonders gut geeignet sind.

6. Fazit und Ausblick

In dieser Arbeit wurde eine Dimensionsreduktion entwickelt, die den latenten Raum iterativ aufbaut, nach Vorbild von UNN. Da das Verfahren mit dem Nadaraya-Watson-Schätzer ein differenzierbares Regressionsmodell verwendet, ist es möglich, die Ergebnisse mit dem Gradientenabstiegsverfahren zu optimieren. Die erzielten Ergebnisse für den Loss-Fehler mit Verwendung des Gradientenabstiegs sind besser als die Ergebnisse der Vergleichsverfahren ISOMAP und LLE mit den verwendeten Parametern und dem gegebenen Testszenario. Das entwickelte Verfahren ist sehr rechenintensiv, für einen produktiven Einsatz müsste an dieser Stelle optimiert werden. Der Einsatz der variablen Kernel-Funktion kann die Ergebnisse in Bezug auf den Loss-Fehler nicht weiter verbessern, jedoch ist es möglich, mit der variablen Kernel-Funktion und der evolutionären Steuerung latente Räume für bestimmte Nachbarschaftsgrößen zu optimieren.

Im Folgenden soll auf die in Abschnitt 1.5 gestellten Fragen eingegangen werden. Probleme verursachten bei der Entwicklung des Verfahrens der undefinierte Bereich des Nadaraya-Watson-Schätzers und die Bandbreitenempfehlung, die schon vor Erzeugung des latenten Raums gegeben werden muss. Gelöst werden konnten diese Probleme mit Hilfe der evolutionären Steuerung (*Frage* 1). Bei der Anzahl der möglichen erzeugten latenten Positionen bietet das Verfahren Variationsmöglichkeiten. Hier wurde sich nach Tests für einen $(2 + 7)$-EA entschieden. Die Wahl der Rekombinationsmethode fiel auf eine hybride Rekombination (*Frage* 2). Die Einbettung des Digits-Datensatzes in einen zweidimensionalen latenten Raum zeigt, dass das Verfahren in der Lage ist, Eigenschaften in einen niedrigdimensionalen Raum zu übertragen (*Frage* 3). In dem gegebenen Testszenario kann itUKR bessere Ergebnisse für den Loss-Fehler als UNN erzielen (*Frage*

4). Bei Verwendung einer Kernel-Funktion, die ab einer Entfernung größer der Bandbreite den Wert 0 zurückgibt, sind die Ergebnisse der Co-Ranking-Matrix von evoUKR ab einem K größer einem Grenzwert schlechter als die von ISOMAP oder LLE. Bis zu diesem Grenzwert sind die Ergebnisse besser als LLE und vergleichbar mit ISOMAP (*Frage* 5). Die Ergebnisse können durch die Verwendung des Gradientenabstiegs weiter verbessert werden (*Frage* 6). Soll ein einzelner Gradientenabstieg bei Verwendung von evoUKR durchgeführt werden, so ist er am wirkungsvollsten, wenn er nach Einbettung aller Punkte ausgeführt wird. Möchte man das beste Ergebnis bei konstanter Rechenleistung erzielen, so sollte der Gradientenabstieg auf mehrere Positionen verteilt werden (*Frage* 7). Insgesamt erzielt evoUKR in dem gegebenen Testszenario mit mehreren Gradientenabstiegen die besten Ergebnisse für den Loss-Fehler verglichen mit ISOMAP und LLE. Dazu bietet evoUKR die Möglichkeit, das Ergebnis mit Gradientenabstiegen während der Einbettungsphase weiter zu verbessern (*Frage* 8). Durch den Einsatz einer variablen Kernel-Funktion konnten die Ergebnisse des Loss-Fehlers nicht weiter verbessert werden (*Frage* 9). Jedoch konnte gezeigt werden, dass es mit der Kombination aus evolutionärer Steuerung und variabler Kernel-Funktion möglich ist, einen latenten Raum für die Verwendung einer bestimmten Nachbarschaftsgröße zu optimieren (*Frage* 10).

An dieser Stelle soll ein Ausblick darüber gegeben werden, mit welchen Schritten die Ergebnisse dieser Arbeit weiterentwickelt werden könnten und welche Fragen sich durch die Arbeit ergeben haben. Interessant wäre die Realisierung eines diskreten Nadaraya-Watson-Schätzers, der praktisch dem Regressionsmodell der k-nächsten Nachbarn entsprechen würde, jedoch mit variablem k. Tests müssten zeigen, wie sich die Ergebnisse durch Verwendung des diskreten Nadaraya-Watson-Schätzers verändern würden und wie viel Rechenkosten dadurch eingespart werden könnten. Während der Durchführung der Tests in dieser Arbeit zeigte sich, dass die Qualität eines latenten Raums oft schon nach Einbettung eines Teils der Muster vorhergesagt werden kann. Eventuell ist es möglich, Rechenkosten ohne Qualitätseinbußen zu sparen, indem latente Räume, die nach

Einbettung eines Teils der Muster schlechte Zwischenergebnisse für den Loss-Fehler erzielen, direkt verworfen und nicht bis zum Ende erzeugt werden.

Durch Einsatz der evolutionären Steuerung und der variablen Kernel-Funktion ist es möglich, Teile der Co-Ranking-Matrix zu optimieren, jedoch konnte dabei der Gradientenabstieg nicht verwendet werden. So könnte man der Frage nachgehen, ob es mit dem Gradientenabstiegsverfahren möglich ist, nicht den Loss-Fehler, sondern Teile der Co-Ranking-Matrix zu optimieren. Die entwickelte variable Kernel-Funktion führte zu keinen Verbesserungen beim Loss-Fehler. Trotzdem ist vorstellbar, dass es variable Kernel-Funktionen gibt, mit denen das Ergebnis verbessert werden kann. Eventuell gibt es auch Möglichkeiten, die variable Kernel-Funktion anders einzusetzen, sodass ihre Flexibilität besser zum Tragen kommt.

A. Anhang

A.1. Silverman-Regel

Die Wahl einer passenden Bandbreite kann ein nicht triviales Problem sein. Bei der Lösung des Problems kann die Regel von Silverman helfen. Sie lautet [20]:

$$h = \hat{\sigma} \cdot c \cdot N^{-\frac{1}{5}} \tag{A.1}$$

Hierbei ist $\hat{\sigma}$ die Standardabweichung der Muster, c eine Kernelabhängige Konstante und N die Anzahl der Muster.

Verwendet man die Beispieldaten aus Abschnitt 2.4.3, so haben die Daten eine Standardabweichung von 0,753, die Konstante für den Epanechnikov-Kernel lautet 2,34 und die Anzahl der Muster ist 6, somit ergibt sich:

$$h = 0,753 \cdot 2,34 \cdot 6^{-\frac{1}{5}} \approx 1,23 \tag{A.2}$$

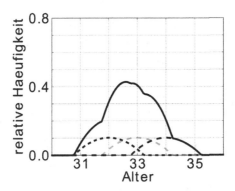

Abbildung A.1.: Parzen-Window-Schätzer mit $h = 1{,}23$

Abbildung A.1 zeigt den für $h = 1,23$ passenden Parzen-Window-Schätzer.

A.2. Punkt $\mathbf{x}_a = (3,0)^T$ im definierten Bereich

Betrachtet man den Punkt $\mathbf{x}_a = (3,0)^T$, so könnte sich die Frage stellen, ab welcher Bandbreite dieser Punkt nicht mehr im undefinierten Bereich liegt. Im undefinierten Bereich liegt ein Punkt, wenn der Dividend in der Summe des Nadaraya-Watson-Schätzers den Wert 0 annimmt. Damit $\mathbf{x}_a$ im definierten Bereich liegt, muss also gelten:

$$0 \neq \sum_{j=1}^{3} K_h \left(\|\mathbf{x}_a - \mathbf{x}_j\|_2^2 \right) \qquad \text{(A.3)}$$

Die Kernel-Funktion kann nur positive Werte zurückgeben. Daraus folgt, dass es ausreicht, wenn einer der drei Summanden einen Wert ungleich 0 annimmt. Es muss also gelten:

$$0 \neq K_h \left(\|\mathbf{x}_a - \mathbf{x}_1\|_2^2 \right)$$
$$\vee 0 \neq K_h \left(\|\mathbf{x}_a - \mathbf{x}_2\|_2^2 \right)$$
$$\vee 0 \neq K_h \left(\|\mathbf{x}_a - \mathbf{x}_3\|_2^2 \right)$$

Im nächsten Schritt wird die euklidische Distanz aufgelöst, $K_h(x)$ durch $K(x)$ ersetzt und die Werte für $\mathbf{x}_a$, $\mathbf{x}_1$, $\mathbf{x}_2$, $\mathbf{x}_3$ eingesetzt, sodass folgende Gleichungen entstehen:

$$0 \neq K \left(\frac{\sqrt{(3-1)^2 + (0-1)^2}}{h} \right) = K \left(\frac{\sqrt{5}}{h} \right)$$
$$\vee 0 \neq K \left(\frac{\sqrt{(3-1,5)^2 + (0-1,5)^2}}{h} \right) = K \left(\frac{\sqrt{4,5}}{h} \right)$$
$$\vee 0 \neq K \left(\frac{\sqrt{(3-2)^2 + (0-2)^2}}{h} \right) = K \left(\frac{\sqrt{5}}{h} \right)$$

Da bei der Wahl des Epanechnikov-Kernels $K(x) \neq 0$ gilt, wenn $x < 1$, ergibt sich:

$$\frac{\sqrt{5}}{h} < 1 \vee \frac{\sqrt{4{,}5}}{h} < 1 \vee \frac{\sqrt{5}}{h}$$

Da h nur einen positiven Wert annehmen kann, kann mit h multipliziert werden, ohne eventuell das Vergleichssymbol invertieren zu müssen. Hiermit ergibt sich:

$$\sqrt{5} < h \vee \sqrt{4{,}5} < h \vee \sqrt{5} < h$$

Die Formeln sind Oder-verknüpft, daher reicht es aus, wenn eine der Formeln erfüllt wird. Dies ist der Fall, wenn $h > \sqrt{4{,}5}$ gilt. Und somit gilt für die Bandbreite h, damit der Punkt $\mathbf{x}_a$ im definierten Bereich liegt:

$$h > \sqrt{4{,}5} \approx 2{,}121 < 2{,}15 \Rightarrow h > 2{,}15 \tag{A.4}$$

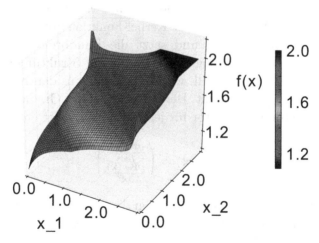

Abbildung A.2.: Nadaraya-Watson-Schätzer mit $h = 2{,}15$

Abbildung A.2 zeigt den entsprechenden Nadaraya-Watson-Schätzer mit der Bandbreite von $h = 2{,}15$ und unter Nutzung des Epanechnikov-Kernels.

A.3. Gradientenbeispiel mit Quartic-Kernel

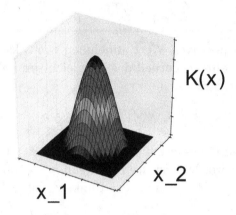

Abbildung A.3.: Quartic-Kernel mit $\mathbf{x} \in \mathbb{R}^2$

Nimmt man $\mathbf{x} \in \mathbb{R}^2$ für ein Beispiel an, verwendet den Quartic-Kernel, legt den Mittelpunkt der Kernel-Funktion auf den Nullpunkt, sodass $\mathbf{x}_j = (0,0)^T$ gilt, und setzt die Bandbreite auf $h = 1$, dann ergibt sich Abbildung A.3. Da nur die Struktur der Kernel-Funktion gezeigt werden soll, wurde die Skala aus den Abbildungen in diesem Abschnitt entfernt. Bei der Bildung des Gradienten würde ein zweidimensionaler Vektor für jeden Punkt $\mathbf{x} \in \mathbb{R}^2$ entstehen:

$$\nabla \mathbf{K}_h(\mathbf{x}) = \begin{pmatrix} \frac{\partial \mathbf{K}_h(\mathbf{x})}{\partial \mathbf{x}^1} \\ \frac{\partial \mathbf{K}_h(\mathbf{x})}{\partial \mathbf{x}^2} \end{pmatrix} \tag{A.5}$$

Die Abbildungen A.4 und A.5 zeigen die partiellen Ableitungen des Quartic-Kernels nach den beiden Dimensionen von $\mathbf{x}$.

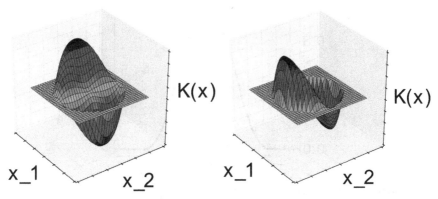

Abbildung A.4.: Partielle Ableitung $\frac{\partial \mathbf{K}_h(\mathbf{x})}{\partial \mathbf{x}^1}$

Abbildung A.5.: Partielle Ableitung $\frac{\partial \mathbf{K}_h(\mathbf{x})}{\partial \mathbf{x}^2}$

A.4. Einfache Kernel-Funktion aus dem Baukasten

Eine einfache Kernel-Funktion aus dem *Baukasten* ist:

$$K_{\mathrm{Bk}}(x) = 2 \cdot \begin{cases} f_1(x) & \text{falls } |x| \leq \frac{1}{2} \\ f_2(x) & \text{falls } |x| > \frac{1}{2} \text{ und } |x| \leq 1 \\ f_3(x) & \text{falls } |x| > 1 \end{cases} \qquad (A.6)$$

mit:

$$f_1(x) = -|x|^2 + \frac{1}{2}$$
$$f_2(x) = |x|^2 - 2|x| + 1$$
$$f_3(x) = 0$$

Abbildung A.6 zeigt die Kernel-Funktion.

Folgende Bedingungen müssen von der Kernel-Funktion erfüllt werden:

$$f_1\left(\frac{1}{2}\right) = f_2\left(\frac{1}{2}\right) \text{ und } f_1'\left(\frac{1}{2}\right) = f_2'\left(\frac{1}{2}\right)$$
$$\text{und } f_2(1) = f_3(1) \text{ und } f_2'(1) = f_3'(1)$$

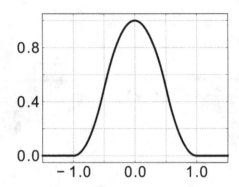

Abbildung A.6.: Kernel-Funktion K_{Bk}

Sie werden erfüllt mit:

$$\frac{1}{4} = \frac{1}{4} \text{ und } -1 = -1 \text{ und } 0 = 0 \text{ und } 0 = 0 \qquad (A.7)$$

Dazu muss $\int K_{\text{Bk}}(x)dx = 1$ gelten – zur Bestimmung wird die Symmetrieeigenschaft der Kernel-Funktion genutzt, welche vorhanden ist, da x immer in der Form $|x|$ auftritt:

$$2 \cdot \left(\int_{-1}^{-\frac{1}{2}} f_2(x)dx + \int_{-\frac{1}{2}}^{\frac{1}{2}} f_1(x)dx + \int_{\frac{1}{2}}^{1} f_2(x)dx \right)$$

$$= 2 \cdot 2 \cdot \left(\int_{0}^{\frac{1}{2}} f_1(x)dx + \int_{\frac{1}{2}}^{1} f_2(x)dx \right) = 1$$

Dies wird erfüllt mit:

$$2 \cdot 2 \cdot \left(\frac{5}{24} + \frac{1}{24} \right) = 1 \qquad (A.8)$$

Mathematische Notationen

Formelzeichen

x	Ein Muster im latenten Raum, mit $x \in \mathbb{R}^1$
$\mathbf{x}$	Ein Muster im latenten Raum, mit $x \in \mathbb{R}^q$ und $q > 1$
X	Mehrere Muster mit $X = (x_1, x_2, x_3, \cdots, x_N)$
$\mathbf{X}$	Mehrere Muster mit $\mathbf{X} = (\mathbf{x}_1, \mathbf{x}_2, \mathbf{x}_3, \cdots, \mathbf{x}_N)$
y	Ein Muster im Datenraum, mit $y \in \mathbb{R}^1$
$\mathbf{y}$	Ein Muster im Datenraum, mit $y \in \mathbb{R}^d$ und $d > 1$
Y	Mehrere Muster mit $Y = (y_1, y_2, y_3, \cdots, y_N)$
$\mathbf{Y}$	Mehrere Muster mit $\mathbf{Y} = (\mathbf{y}_1, \mathbf{y}_2, \mathbf{y}_3, \cdots, \mathbf{y}_N)$
q	Anzahl der Dimensionen im latenten Raum
d	Anzahl der Dimensionen im Datenraum
N	Anzahl der Muster
n	Musternummer in $(\mathbf{X})_{mn}$ beziehungsweise $(\mathbf{Y})_{mn}$
m	Dimensionsnummer in $(\mathbf{X})_{mn}$ beziehungsweise $(\mathbf{Y})_{mn}$
h	Bandbreite
k	Nachbarschaftsgröße
$f(\cdot)$	Funktion, Regressionsmodell
$K(\cdot)$	Kernel-Funktion
$L(\cdot)$	Loss-Funktion
$Q_{NX}(\cdot)$	Qualitätsmaß

Matrizen

$$x_{mn} = (\mathbf{X})_{mn} = (\mathbf{x}_n)_m$$

$$\mathbf{X} = \begin{pmatrix} \mathbf{x}^1 \\ \mathbf{x}^2 \\ \cdots \\ \mathbf{x}^m \end{pmatrix} = (\mathbf{x}^1, \mathbf{x}^2, \cdots, \mathbf{x}^m)^T = (\mathbf{x}_1, \mathbf{x}_2, \cdots, \mathbf{x}_n)$$

Liegen beispielsweise die Muster $\mathbf{x}_1 = (1,2,3)^T$, $\mathbf{x}_2 = (4,5,6)^T$ und $\mathbf{x}_3 = (7,8,9)^T$ vor, so gilt:

$$\mathbf{X} = \begin{pmatrix} 1 & 4 & 7 \\ 2 & 5 & 8 \\ 3 & 6 & 9 \end{pmatrix}$$

und:

$$x_{12} = (\mathbf{X})_{12} = (\mathbf{x}_2)_1 = 4$$

und:

$$\mathbf{x}^1 = (1,4,7)$$

Frobeniusnorm

$$\|\mathbf{X}\|_F = \sqrt{\sum_{i=1}^{m} \sum_{j=1}^{n} |x_{ij}|^2}$$

Euklidische Distanz

$$\|\mathbf{x}\|_2 = \sqrt{\sum_{i=1}^{n} |x_i|^2}$$

Abbildungsverzeichnis

Tabellenverzeichnis

Literaturverzeichnis

[1] N. Bhatia and Vandana. Survey of nearest neighbor techniques. *CoRR*, 2010.

[2] C. M. Bishop. *Pattern Recognition and Machine Learning (Information Science and Statistics)*. Springer, 2007.

[3] J. Bortz and C. Schuster. *Statistik für Human- und Sozialwissenschaftler*. Springer-Lehrbuch. Springer, 2010.

[4] K. B. Davis. Mean integrated square error properties of density estimates. *Ann. Statist.*, 5(3):530–535, 05 1977.

[5] T. Hastie, R. Tibshirani, and J. Friedman. *The Elements of Statistical Learning*. Springer Series in Statistics. Springer New York Inc., New York, NY, USA, 2001.

[6] G. Kanji. *100 statistical tests*. Sage, London, 1994.

[7] S. Klanke. *Learning manifolds with the parametrized self-organizing map and unsupervised kernel regression*. PhD thesis, Bielefeld University, 2007.

[8] O. Kramer. *Computational Intelligence: Eine Einführung*. Informatik im Fokus. Springer Berlin Heidelberg, 2009.

[9] O. Kramer. Dimensionality reduction by unsupervised k-nearest neighbor regression. In *ICMLA (1)*, pages 275–278. IEEE Computer Society, 2011.

[10] O. Kramer. *Dimensionality Reduction with Unsupervised Nearest Neighbors*, volume 51 of *Intelligent Systems Reference Library*. Springer, 2013.

[11] J. A. Lee and M. Verleysen. *Nonlinear dimensionality reduction.* Springer, New York; London, 2007.

[12] J. A. Lee and M. Verleysen. Quality assessment of dimensionality reduction: Rank-based criteria. *Neurocomputing,* 72(7-9):1431–1443, 2009.

[13] P. Meinicke, S. Klanke, R. Memisevic, and H. Ritter. Principal surfaces from unsupervised kernel regression. *IEEE Trans. Pattern Anal. Mach. Intell.,* 27(9):1379–1391, 2005.

[14] A. Meister. *Numerik linearer Gleichungssysteme, Eine Einfuehrung in moderne Verfahren.* Vieweg Verlag, Braunschweig, Wiesbaden, 1999.

[15] S. Mukherjee, P. Niyogi, T. Poggio, and R. M. Rifkin. Learning theory: stability is sufficient for generalization and necessary and sufficient for consistency of empirical risk minimization. *Adv. Comput. Math.,* 25(1-3):161–193, 2006.

[16] L. Papula. *Mathematische Formelsammlung für Ingenieure und Naturwissenschaftler.* Viewegs Fachbücher der Technik. Vieweg, 2001.

[17] F. Pedregosa, G. Varoquaux, A. Gramfort, V. Michel, B. Thirion, O. Grisel, M. Blondel, P. Prettenhofer, R. Weiss, V. Dubourg, J. Vanderplas, A. Passos, D. Cournapeau, M. Brucher, M. Perrot, and E. Duchesnay. Scikit-learn: Machine learning in Python. *Journal of Machine Learning Research,* 12:2825–2830, 2011.

[18] I. Rechenberg. *Evolutionsstrategie : Optimierung technischer Systeme nach Prinzipien der biologischen Evolution.* Number 15 in Problemata. Frommann-Holzboog, Stuttgart-Bad Cannstatt, 1973.

[19] S. T. Roweis and L. K. Saul. Nonlinear dimensionality reduction by locally linear embedding. *Science,* 290(5500):2323–2326, December 2000.

[20] B. W. Silverman. *Density Estimation for Statistics and Data Analysis.* Chapman & Hall, London, 1986.

[21] J. B. Tenenbaum, V. de Silva, and J. C. Langford. A global geometric framework for nonlinear dimensionality reduction. *Science*, 290(5500):2319, 2000.

[22] C. van Eeden. Mean integrated squared error of kernel estimators when the density and its derivative are not necessarily continuous. *Annals of the Institute of Statistical Mathematics*, 37(1):461–472, 1985.

[23] J. Wang. *Geometric Structure of High-Dimensional Data and Dimensionality Reduction.* Springer Berlin Heidelberg, 2012.

[24] D. S. Wilks. *Statistical Methods in the Atmospheric Sciences: An Introduction (International Geophysics).* Academic Pr Inc, 2005.

Printed in the United States
By Bookmasters